J. Hildesheimer

Die vaticanische Handschrift der Halachoth Gedoloth

J. Hildesheimer

Die vaticanische Handschrift der Halachoth Gedoloth

ISBN/EAN: 9783743352841

Hergestellt in Europa, USA, Kanada, Australien, Japan

Cover: Foto ©Thomas Meinert / pixelio.de

Manufactured and distributed by brebook publishing software (www.brebook.com)

J. Hildesheimer

Die vaticanische Handschrift der Halachoth Gedoloth

Die Vaticanische Handschrift

der

Halachoth Gedoloth

Besprochen und in Auszügen mitgetheilt

von

Dr. J. Hildesheimer.

— — — — —✤✤✤— — — — —

BERLIN.

Die
Vaticanische Handschrift der Halachoth Gedoloth,

besprochen und in Auszügen mitgetheilt

von

Dr. J. Hildesheimer.

Vorwort.

Seit mehreren Jahren ist die Aufmerksamkeit der Fachgelehrten[1]) auf einen im Vatican befindlichen Codex der Hal. Ged.[2]) gerichtet, der nicht nur ausserordentlich viele Varianten von unseren Ausgaben enthalte, sondern auch inhaltlich nach der positiven und negativen Seite (Zusätze und Weglassungen) wesentlich von den unsrigen abweiche. Durch die Güte meines sehr geehrten Freundes, unseres Herrn Docenten Dr. A. Berliner, der für den Verein Mekize Nirdamim eine Abschrift dieses Manuscr. von Herrn N. R. Rabinowitsch erworben, hatte ich Gelegenheit, längere Zeit Einsicht in diese Copie zu nehmen, und die eingehendste Vergleichung beider Texte, des gedruckten und des handschriftlichen, vorzunehmen, Verschiedenheit des Inhaltes selbst, des Ausdruckes und der Lesarten zu constatiren, und so ein überreiches Material zu sammeln, das für unzählige Monita selbst älterer Decisoren, aber auch für viele Untersuchungen der neuesten einschlägigen Litteratur von allergrösster Bedeutung ist. Die Ueberfülle der Ausbeute würde aber die Grenzen einer Programmbeilage weit überschreiten; ich gedenke daher, אי״ה der freundlichen Aufforderung des Comités für den Verein Mekize Nirdamim nachzukommen, die von demselben beabsichtigte Edition dieser Handschrift zu übernehmen, und dort das ganze gesammelte Material in den Noten der Wissenschaft zuzuführen, ausserdem einen vollständigen Jndex der Quellen der Hal. Ged. aus den Talmuden, Mechilta, Sifra, Sifre, Midraschim etc. sowohl für die (meistens) gemeinsamen Stellen, wie auch für die nur in der Handschrift vorkommenden, u. z.— weil das Citat sich an ausserordentlich vielen

Stellen in ganz verschiedener Halacha befindet — für unsre Ausgaben und die Hschr. besonders paginirt, anzuhängen. Im Folgenden dagegen wollen wir ein Gesammtbild dieses Codex [3]) zu geben versuchen, und zwar: .

a) Aufeinanderfolge der Halachot in den handschriftlichen הלכות גדולות.

b) Eigenthümlichkeit der handschriftlichen Recension des בה"ג.

c) Interpolationen und Vermuthung über deren Entstehungszeit.

d) Proben besonders wesentlicher Textesabweichungen.

e) Einige Bestätigungen der Varianten aus den ראשונים.

Wenn diese Schrift den Fachgelehrten Anregungen zur weiteren Forschung über das so schwierige Problem der Halachot Gedoloth geben sollte, so hat sie ihren Zweck erfüllt,

BERLIN, ר"ה לאילנות תרמ"ז לפ"ק.

Dr. J. Hildesheimer.

Capitel I.

Aufeinanderfolge der Halachot in den handschriftlichen הלכות גדולות.

Abgesehen von den unzähligen Varianten und der fast überall verschiedenen Gliederung der Materie in derselben Halacha ist auch die Ordnung der Halachot selbst eine von der in unserer Ausgabe wesentlich verschiedene. Nach der viel grösseren und auch in der Aufzählung der 613 Gebote nicht unwesentlich variirenden Einleitung (vergl. Capitel IV) beginnt das Werk, wie auch bei uns, mit הלכות ברכות[4]), es wird aber הלכות קדוש והבדלה nicht wie in unseren Ausgaben nach הלכות ברכות, sondern zwischen Capitel IV und V eingeordnet.— Ende הלכות ברכות sind die Worte angefügt: סליק להו ברכות בעזרת מציץ מחרכות, sowie unmittelbar darauf beim Beginne des סדר מועד: מתחיל סדר מועד בעזרת היודע ועד und dazwischen (vom Copisten) הלכות פאה בענן הכא ואינון כתיבין בסוף ספרא דנן אחר סדר קדשים, wie auch in der That diese Hilchot aus סדר זרעים dort angefügt sind. In הלכות שבת ist הלכות חנוכה gleich nach dem I. Abschnitte, also entsprechend der Anordnung in der גמרא und ebenso conform derselben הלכות מילה beim פרק ר' אליעזר דמילה eingefügt. Zwischen הלכות עצרת und יה"כ steht ה' ראש השנה. Nach הלכות ציצית heist's סליק להו הלכות מועד, hierauf werden die Titel sämmtlicher הלכות wiederholt (ה' עצרת fehlt und dürfte als nur kleines Pendant zu הלכות פסח zu unbedeutend erschienen sein, um besonders genannt zu werden), nach dieser Aufzählung der einzelnen הלכות steht nochmals סליק להו הלכות סדר מועד.— Es folgt dann die Ueberschrift ואלו הלכות סדר נשים. Auch hier ist הלכת יבמות, mit der, wie in den Druckausgaben und in der משנה selbst, begonnen wird, von דיני יבום וחליצה getrennt; הלכות עריות, der hier תוספתא דיבמות angehängt ist, ist bei der Gelegenheit, wo שפחה חרופה vorkommt, in selbstständiger Ueberschrift, הלכות עבדים wie in unseren Ausgaben, behandelt, dann wird der Rest der הלכות עריות mit den Worten מאן דפש מעריות ergänzt, dagegen fehlen הלכות נדרים, נזיר, כתובות ganz. הלכות קידושין (hier: קידושים[4a]) hat die Ueberschrift: הלכות קידושים בעזרת נערץ בקדושים, und ist davon nur ein sehr kleines Bruchstück vorhanden, nämlich, bis auf eine kleine Lücke, (161b Z. 24—27), nur bis zu den Worten [5]) כאומר מעבשיו דמי (162a Z. 10)[a]). — Da סדר נשים hier zu Ende, und הלכות נדה וולדת in סדר

---

a) Auch in formeller Beziehung ist das Mscr. unvollendet geblieben, was um so bedauerlicher ist, als durch diese Vollendung die Verwerthung dieses so massgebenden und doch seit den ראשונים so wenig benutzten Werkes eine viel fruchtbarere

קדשים eingeordnet sind, so scheint mit diesem Reste auch die Schlusszusammenstellung der einzelnen Titel des סדר, wie wir sie schon bei סדר מועד verzeichnet haben, und die sowohl nach סדר נזיקין, wie סדר קדשים vorkommt, verloren gegangen zu sein. — סדר נזיקין beginnt ohne Ueberschrift des סדר wie der מסכתא mit dem Anfange ב״ק. פרק איזהו נשך ist auch hier הלכות רבית überschrieben; die in unserer Ausgabe vorausgehenden, am Ende des ganzen Tractates nochmals wiederholten Worte סליק להו הלכות בבא מציעא fehlen hier. Ende steht [5a]) סליק הלכות השואל את הפרה והמקבל [צ״ל ונתחיל פ׳ המקבל] פרק השואל שדה מחבירו. — In בבא בתרא fehlt viel richtiger die in unseren Ausgaben vor הלכות נדוי [6]) befindliche Unterschrift סליק בב״ב, da הלכות נחלות und הלכות הלואות fast ausschliesslich הלכות aus בבא בתרא enthalten; hier steht das Schlusswort erst nach letzerer הלכה mit dem Zusatze: ומסכתא דנזיקין [7]). — Den הלכות דיינין folgen הלכות קצובות דבני מערבא, dann הלכות עדות, dann eine von unserer Ausgabe ganz abweichende Ordnung: 1) הלכות כבוד אב ואם, 2) הלכות מלקות [8]), 3) הלכות שבועות (sic), 4) הלכות הוראות, 5) הלכות סופרים, 6) הלכות שחיטת חולין, 7) הלכות טרפות, 8) הלכות בצים, 9) הלכות חגבים [9]), 10) הלכות דגים, 11) הלכות חלב. Von hier bis nach הלכות כסוי הדם stimmt die Reihenfolge der הלכות wieder mit der unsrigen überein, auffallenderweise haben sich הלכות עבודה זרה und הלכות יין נסך in diese Abtheilung verirrt [10]), hierauf folgt ה׳ בכורות [11]), hierauf theils in nur verschisdener Ordnung, theils als neue resp. gesonderte Theile: 1) ה׳ מעילה, 2) ה׳ כריתות, 3) ה׳ תמורה, 4) ה׳ מנחות [12]), 5) ה׳ קדשים [13]), 6) ספר בית חשמונאי [14]), 7) סדר פרשיות של יו״ט והפטרותיהן [15]), 8) סדר רביעית של תורה [16]), ה׳ נדה ויולדת [17]), 10) ה׳ משמרות [18]). Es folgt dann die schon oben (Note 3) erwähnte Zusammenstellung sämmtlicher Halachot von הלכות סופרים, hierauf aus einem aschkenasisch-polnischen (nicht sephardischen [19])-Gebetbuche aus מוסף של שבת ויו״ט nämlich: 1) פטום הקטורת (Kritoth 6a), 2) השיר שהלוים וכו׳ (Tamid Ende), 3) אמר רבי אליעזר אמר רבי חנינא (Tract. Berachot Ende [20]). Ein noch folgendes Schlusswort lautet: נגמר סדר קדשים בעזרת היודע ועד. Jetzt werden die הלכות aus סדר זרעים nachgetragen u. z. a) הלכות פאה [21]) b) הלכות כלאים [22]) c) הלכות ערלה [23]), d) Schlussunterschrift der drei הלכות. Angehängt sind die 4 Capp. des דרך ארץ זעירא und die 5 des דרך ארץ רבא [24]) (die beiden letzten Capp. sind am Anfange und Ende der Zeilen lückenhaft).

Zum Schluss noch einige Worte über die letzte [25]) Seite des Mscr., enthaltend die Namen des Besitzers, des Verkäufers und den Wohnort des letzteren. Die Worte lauten: אני יצחק הצעיר ברבי שאול זצוק״ל מעיר פירדא (Ferrara) היושבת על

---

gewesen wäre, als dieses thatsächlich der Fall ist. Der Abschreiber hatte nämlich, wie er im Eingange sagt, die Absicht, ein erschöpfendes Quellen- und Sachregister zu schreiben: ולהיות שאין כל אדם בקי בסידורו ויכבד עליו [החפור וצ״ל] החיפוש ראיתי לכתוב סדוריו ולסמנו בסימנים ולכתוב בבמה עלין מהספר הלז הובאה מצוה [פלוני צ״ל] פלוגית להקל על המעיין כי זה היה תכלית כונת המחבר וכן אז״ל בגמרא [עירובין נד: אמר ר׳ חסדא אין תורה נקנית אלא בסימנין שנאמר שימה בפיהם אל תקרי שימה [שימה בפיהם סימנה בפיהם כגון פז״ר קש״ב וכו׳ .אלא סימנה. ויעו״ש איזהו דרשות אחרות] ולכן ראיתי להשלים כונת הגאון בכל אופן ושם דרך אראנו בישע אלקים אמן.

נהר פארו (Po) אשר הי״א נחשבת מלונכרדיאה (Lombardei) קניתי אילו (אלו) ההלכות (הלכות) גדולות הנה בעיר מצרים (Meziers) מאת מרינו כוכב הדיין המשכיל בעיר אלקהרא (Cairo) וק״ובה למצרים חצי (??) פרסאות כֿלֿיתֿ (sic) קניאס (?) באלקהרא וסירגולס (?) נעשה במצרים על יד הו··· ארונינו ומורינו א··נו הת···. — Was bedeuten כֿלֿיתֿ, קניאס und סירגולס? Die Lösung dieser Räthsel verdanke ich meinem geehrten Freunde, Herrn Isidor Löb in Paris, der die Güte hatte, auf meinen Wunsch beim Comité der Alliance Israélite in Cairo darüber anzufragen, dessen mir ebenfalls von Herrn Löb übermittelte Antwort folgendermassen lautet: כֿלֿיתֿ (Aussprache: Schiluit) bedeutet im dortigen arabischen Dialekt eine Gruppe von einigen Häusern mit Feldern und Gärten, קניאס müsse also ein Ortsname sein, und es sei zu übersetzen: Dorf Knias in der Provinz oder dem Kreise Cairo. Ueber סירגולס schrieb man mir nur die Vermuthung, dass es ebenfalls ein Ortsname sei. Ich spreche meinem geehrten Freunde für seine Bemühung, sowie denen, welche die Auskunft zu ertheilen die Güte hatten, meinen innigsten Dank aus.

Capitel II.

Eigenthümlichkeit der handschriftlichen Recension des בה״ג.

Die Recension der הלכות in der Handschrift ist so eigenartig und redactionell so wesentlich von unserer Ausgabe verschieden, dass wir fast geneigt sind, das Werk für eine andere Sammlung unter den im Ganzen gleichnamigen Schriften dieser Art [26]) zu halten. Noch weit mehr als aus der Anordnung der Halachoth (Cap. I) geht dies aus der Anordnung, Einordnung und Zusammensetzung innerhalb derselben Halacha hervor. Die Belege dazu sind unzählig, ja es waltet hier, trotzdem ganze Partieen gleichlautend und gleichgeordnet sind, vielleicht mehr Verschiedenheit als Gleichmässigkeit vor. Wir wollen, um ein Gesammtbild davon zu geben, in der Note [27]) eine Anzahl beliebig herausgegriffener Beispiele anführen. Im Allgemeinen dürfte die in unseren Händen befindliche Recension etwas geordneter, als die des Codex sein [28]), was aber, wie man ja aus dem — auch in derselben Sidra — noch loserem Nebeneinander der Scheeltoth schliessen kann, vielleicht gerade von grösserer Ursprünglichkeit zeugt. Wiederholungen finden sich in der handschriftlichen Recension, so weit es sich beim Fehlen einiger Halachot (Cap. I) controliren lässt, mindestens eben so viele wie in unseren Druckausgaben, es kommen sogar einige hinzu; dagegen ist die Materie im Codex reichhaltiger und erschöpfender, indem nicht wenige halachische und agadische Talmudstellen in demselben excerpirt sind, die in unserer Ausgabe fehlen, während das Umgekehrte weit weniger, vielleicht gar nicht der Fall ist [29]).—

Eine fernere Eigenthümlichkeit des Cod. ist die weit grössere Anzahl von mnemonischen Einleitungswörtern zu grösseren סוגיות, sogenannten סימנים [30]), welche sich übrigens theilweise auch in den neuerdings gedruckten alten Commentaren finden [31]).

Noch weit mehr tritt der Unterschied der beiden Recensionen in der Fülle von neuen „Erklärungen“ [32]) hervor, welche sich im Vergleiche mit unserer Ausgabe im Codex finden [33]), während nur verhältnissmässig wenige sich in beiden finden [34]). Nur selten kommt der umgekehrte Fall vor, dass in unserer Ausgabe eine Erklärung gegeben wird, die sich im Codex nicht findet [35]). Mehrmals folgen zwei, ja drei Erklärungen derselben Stelle aufeinander [36]). Sehr viele solcher Erklärungen sind ausserordentlich ausführlich, nicht wenige machen schon durch die Diction den Eindruck neuerer Interpolation [37]), während die „Erklärungen“ in unserer Ausgabe kurz und bündig sind. Mitunter steht das Wort פירוש an falscher Stelle [38]), an anderen ist es überhaupt falsch [39]).

Mit dem oben Besprochenen ist aber die Eigenthümlichkeit unseres Codex noch lange nicht erschöpft, vielmehr bietet derselbe noch mehrere charakteristische Unterscheidungsseiten, die ihm eine von unseren הלכות גדולות wesentlich verschiedene Signatur geben. Wir heben besonders die gewissermassen weit praktischere Tendenz dieser Recension hervor. Dieselbe zeigt sich einmal in der weit grösseren Anzahl einverleibter Gutachten, welche in derselben im Vergleiche zu unsern Ausgaben enthalten sind [40]), und zwar sind nicht nur bedeutend mehr Gutachten der Gaonen, von denen auch in unseren Ausgaben Bescheide eingereiht, in den Responsenschatz der Handschrift aufgenommen, sondern wir finden auch den Kreis der Gaonen selbst in unserem Codex erweitert [41]). Die meisten der hinzugekommenen „Sendungen“ („וישדר“ womit die Stelle immer eingeleitet wird), sind nicht etwa mehr oder weniger grosse Gutachten über vorgekommene Anfragen, sondern meist Bestimmung der Halacha zwischen Divergenzen von Tanaim oder Amoraim. Die praktische Tendenz leuchtet aber auch aus vielen Beispielen hervor, die die Absicht verrathen, eine Richtschnur für das öffentliche jüdische Gemeindeleben zu geben. So enthält diese Recension eine neue 6 Seiten grosse (שם: — שנו:), Abtheilung über פרשיות של כל ימים טובים והפטורות שלהם, an einer Stelle (יב:) wird gelehrt, wie man, um mit der Gemeinde קיש ותפלה beten zu können, die Gebetstücke vor ברכו abkürzt: „man bete ברוך שאמר וכו' bis מלך מהולל בתשבחות, dann תהלה לדוד ארוממך וכו' bis Ende, dann הללויה הללו אל וכו' und darauf ישתבח, aber פסוקי דזמרה nach שמונה עשרה zu sagen, ist unpassend;“ — dass bei der מילה die ברכה להכניסו וכו' erst nach der מילה gesagt wird (ס', vgl. Tosaphot Sabbat 137 b), dass man, wenn möglich, bei derselben מנין vereinige (das., vgl. בעה"ע הלכות מילה und טור יורה דעה רס"ח [42]).— קי' befindet sich ein grosses Gutachten darüber, dass man, falls תשעה באב auf einen Sonntag fällt oder verlegt wird, beim Eingang ויהי נועם und vom ואתה קדוש-Gebete den Vers ואני זאת בריתי וכו' weglasse [43]), weil man die קינות

gesagt habe, ebenso werde ויהי נועם (in diesem Falle bekanntlich auch ואתה קדוש) am Ausgange des mit ש"ק zusammentreffenden יוה"כ nicht gesprochen.— Charakteristisch ist auch die Stelle in הלכות לולב Ende (69b), dort werden in unserer Ausgabe, der Signatur dieser Recension entsprechend, die parallel laufenden Halachoth (Taanith 10a) entlehnt, dass in א"י die Halacha wie רבן גמליאל sie angiebt (7. Marcheschwan) sei, in der „גולה" aber, wie חנניה, nämlich dass am 60. Tage nach תקופת תשרי das Bittgebett um Regen begonnen wird. Babylonien, der Sitz der beiden Gaonate, gehört nun zur „גולה" (vgl. Raschi zur St.) und doch heisst es hier (קא:), nachdem ebenfalls constatirt, das הלכה כחנניה: ואנן עכשיו בדורנו עבדינן כר"ג ובעי שאילה[44]) מיתיבתא דאמרי הלכה כחנניה כרבן גמליאל וכך מנהג בני אפריקא כולה (?) נעביד. — Von diesen „Novitäten" ist allerdings Vieles auf Rechnung der späteren, und mitunter offenbar sehr späten Interpolationen, von denen das Mscr. wimmelt, zu stellen; glücklicherweise aber tragen diese Glossen in den meisten Fällen schon in der Ausdrucksweise den Stempel des Eingeschobenen[45]), und man kann dabei manche interessante Beobachtung über die Entstehungszeit dieser „Novitäten" machen (vgl. Cap. III). So richtig dies auch ist, so wahr ist es doch auch anderseits, dass eine sehr grosse, ja die bei Weitem grösste Anzahl ächter, in der That aus der gaonäischen Zeit stammender und daher deren Autorität tragender Erweiterungen, die man wiederum an der Diction und der Kürze erkennen kann, aufgenommen.

Zu diesen das Meritorische betreffenden Eigenthümlichkeiten kommen nun aber auch noch einige, die mehr das Redaktionelle berühren. Hierzu gehört in erster Linie, dass im Mscr. in der Regel die Citate viel kürzer sind[46]), die שקלא וטריא weggelassen[47]), namentlich die ganze משנה zusammengehalten wird. Wohl findet auch hin und wieder das Umgekehrte statt[48]), ersteres aber ist, wie gesagt, die Regel. — An einer für die Abfassungszeit sehr wichtigen Stelle hat, wie ich glaube, ein Copistenfehler über 200 Jahre später Veranlassung zur Interpolation gegeben, u. z. beim Beginne des גט חליצה (131a Z. 8). Dieses Formular beginnt mit den Worten: מה דהוה קדמנא ביום פלוני דהוא "אנך" בירח פלוני למנינא דרגילנא וכו׳. Was bedeuten die beiden zwischen dem Wochentage (was das „ביום פלוני" offenbar bezeichnen soll) und der Monatsbezeichnung stehenden Wörter „דהוא אנך"? Und wo steht die aera mundi, worauf sich das: למנינא וכו׳ bezieht? In der That enthalten die beiden Worte, wie mir scheint, diese aera mundi „אנך" nämlich soll heissen „אנד", ist Abbreviatur und bedeutet das Jahr 1054 [(א(לף) נ"ד] u. z. contractuum, wonach ja in der gaonäischen Zeit gewöhnlich gezählt wurde (wenngleich auch die aera m. bekanntlich schon bei Josephus die gewöhnliche ist). Es stimmt diese Jahreszahl (732) auch so ziemlich mit einer der beiden Jahreszahlen für R. Judai Gaon im שם הגדולים (4499 m., während der Jahreszahl 732 die 4490 correspondirt), und für die anderen Annahmen 4515 beim שהי"ג, 4523 beim ראב"ד, (759—62 bei Grätz) kann ein kurz vorher angelegtes Formular entlehnt sein. Ein über

200 J. später lebender Copist, der weder die beiden Wörter verstand, noch sich zu erklären wusste, weshalb die Monatsbezeichnung erst nach der Jahreszahl ihre Stelle hat[49]), liess daher letztere ganz weg und substituirte für die unerklärten Textesworte das Jahr, in dem er copirte, nämlich 4742 m., also in der Zeit des R. Scherira Gaon. — Ferner hierhergehörige, offenbar spätere Einschiebungen verrathen sich sofort durch die discussive, dem בה״ג sonst ganz fremde Form. Zwei Stellen sind es besonders, die diesen Stempel der Interpolation tragen: 1) zu 74a Z. 11, wo, wie immer, die סוגיא (Beza 22b) איבעי' להו מהו לעשן וכו' wörtlich entlehnt, und nicht einmal ein eigentlicher פסק gegeben wird, findet sich im Mscr. (קח.) erst eine grössere Auseinandersetzung über den Unterschied zwischen עישון הבית und עישון כלים, dann ein Gutachten des Gaon ר' פלטוי בר אבוי, dass in der That Beides verboten sei, hierauf wird die סוגיא entlehnt. Sodann wird erklärt, dass in der סוגיא nur vom עישון פירות die Rede sei, dieses daher gestattet, nicht aber עישון הבית (vgl. die סוגיא); ersteres wird durch ein Gutachten des גאון מר רב כהן צדק bestätigt, und schliesslich hinzugefügt: ובעל זה(?)ההלכות ס״ל כמר ר׳ כהן צדק דאמר מותר. Diese Worte scheinen einen Gegensatz zu einer anderen Stelle im בעל הלכות zu enthalten, welche offenbar die unserer Recension ist, die zwischen עישון בית und עישון פירות keinen Unterschied macht, und nach dem Tenor der Worte Beides verbietet. (vgl. S. 15) —. 2) 69a u. b wird die ברייתא (Berach. 14a) ימים שהיחיד גומר בהן את ההלל וכו' und die in Tosaphot daselbst u. Erachin 10a und von anderen Glossatoren vertretene Ansicht angeführt, dass יחיד nicht genau zu nehmen, sondern einen wenn auch noch so grossen Bruchtheil der Nation bedeute; im Mscr. (:קי) wird ebenfalls in gleich grosser Ausführlichkeit diese Erklärung gegeben, die Beweisführung (aus Tanith 28b) hinzugefügt und die halachische Consequenz gezogen. Hierauf aber wird die entgegenstehende Erklärung (Alfasi u. A.), dass יחיד wohl genau zu nehmen sei, mit dem Beweise aus Berachot 14a kurz angefügt (ושרדו ממתיבתא דיחיד יחיד ממש). — Nachdem nun eine ganz andre הלכה dazwischen geschoben, wird nochmals durch einen "פירוש" an einem sich schon durch die Diction als גליון verrathenden Rückblick auf diese beiden sich gegenüberstehenden Ansichten hinzugefügt איכא פלוגתא בין שידור מתיבתא דאמרינן תירוץ בעל הלכות זה וכין מר ר׳ יהודאי בעל הלכות הקטן (?) ביחיד דקא אמרינן דיחיד ממש הוא ומברך [כשאומרין כלא דילוג] בין לגמור [דהיינו ציבור] בין לקרות [כשקורין בדילוג] ולא דחו אלא דאשה דהלכת׳ (??) דאמר ויחיד דקא אמרינן גומר את ההלל לאו יחיד ממש, בזה אמר מתיבתא טעה ומטעי דאמר לאו יחיד ממש אלא יחיד ממש ומברך [היינו בציבור] בין לגמור בין לקרות והלכת׳ דקא אמרינן יחיד ממש הוא . . . כך היה בידינו וכך הי׳ הוראה [היתה ההוראה] במתיבתא דסורא אבל מתיבתא דפומבדיתא אמר יחיד לאו יחיד ממש . . . . וכולהי כתיבין בהלכות קטן (?) . . . .

Ich will dieses Capitel mit einigen Eigenthümlichkeiten der Diction und der Wortschreibung schliessen. Zu ersterer gehören Ausdrücke wie „אזהרה לכהנים“ als Apostrophe an dieselben (קכז: אזהרה לכהנים ואסיר ליה לכהן למיסק לבית הקברות וכו׳) (קכח: הזהרה לכהנים היו שם ב׳ דרכים אחת קטנה וטמאה ואחת

רחוקה וטהורה אם העם הולכי׳ ברחוקה ילך עמהם ואם לאו ילך בקרובה מפני כבוד העם; zu letzterer קליל (קל. שו.) für קלי (243b), ערים (רלה׳) f. ארים (196b) meist auch (שו׳, שו׳) אודנא für אונה (255a f.) doch auch letzteres (שז׳).

Capitel III.

Interpolationen und Vermuthung über deren Entstehungszeit.

Im vorigen Capitel haben wir schon viele Beweise dafür erbracht, dass fremde, spätere Hände im handschriftl. כה״ג geschaltet und gewaltet, commentirt und „erweitert“ haben. Wie viele Federn an dieser „Bereicherung“ theilgenommen haben, lässt sich kaum bestimmen, wohl aber ist bei einigen Interpolationen die Tendenz ziemlich durchsichtig, und sind nach dieser Richtung ausser der Einleitung, die weit grösser als in unserer Ausg. und ein ganzes Convolut hagadischer Stellen enthält, besonders zwei bemerkenswerth, deren eine agadisch, die andere halachisch- polemisch ist. Die eine ist, die auch in unsern Ausgg. befindliche ה׳ מעילה, die aus nur einer Talmudstelle, Meïla 17a besteht, deren kleinerer Anfang nur halachisch, das Uebrige aber Agadisches und zwar Martyrologisches enthält. Im Mscr. aber hat der letztere Theil eine solche agadische Erweiterung erfahren, dass das Ganze etwa das Dreifache der vorliegenden Recension enthält. Es lässt dies vermuthen, dass das Glossem in der nachsoharitischen Zeit, in der die Legendenbildung über רשב״י an der Tagesordnung war, viell. auch in einer Zeit der Noth und Bedrängniss der Nation entstanden, in der die Volkslehrer das Bedürfniss fühlten, tröstend und ermunternd dazu beizutragen, den Kampf um's Dasein zu bestehen. Dieses Glossem bietet interessante Seiten, und wir wollen deshalb dabei verweilen. Gleich im Anfange שאל . . . את רשב״י ist zugesetzt und an entsprechender Stelle auch der Erzählung eingereiht: כשהיו יודין בספינה לילך ב(?)רומי אצל(?)קיסר על גזירת השמד שגזרו על ישראל. — ברומי ist dem Texte entnommen, dass die neue Construction nicht passt, hat der Glossator vielleicht gar nicht gemerkt. Dass רשב״י in גזירת שמד (weil nämlich der Proconsul in Syrien die מילה dem Gesetz gegen die Castrirung subsummirte, wie auch Sabbatheiligung und Einhaltung der נדה-Vorschrift verbot,) nach Rom ging, wie früher ר״ג ר׳ יהושע ראב״ע ר״ע[50]) wissen wir allerdings auch nur aus unsrer Stelle, es bedarf aber auch nicht mehr. Ebenso wissen wir aus derselben, dass ר׳ אליעזר בר׳ יוסי ihn begleitete[51]), von der Begleitung des ר׳ מתיא בן חרש aber sagt sie Nichts, wohl aber geht auch aus anderer Stelle (Joma 53b) hervor, dass רמב״ח mit רשב״י in Rom zusammenkam, und an ihn eine halachische Frage richtete, nirgends aber findet sich, dass רמב״ח je in Palästina war (Frankel דהים S. 131). An einigen

Stellen dürfte die Genesis und Veranlassung der Glosse zu durchschauen sein[52]) — Die zweite der hier in's Auge gefassten Interpolationen führt auf die Vermuthung, dass sie in Palästina, speciell in der Nähe der Samaritaner, entstanden sei. In Hilch. T'murah 280b Z. 3 bei der Fortsetzung der Stelle: אמר רבא כלב הורגי' דקנז הו' ונקרא על שמו (T'murah 16a) findet sich im Cod. folgender Zusatz: ולא הי' מקנז . . . . ועתניאל אחי כלב היה מאמו ונשא בת אחיו שנאמר ויאמר כלב אשר יכה את קרית ספר . . . . ויתן לו את עכסה בתו לו לאשה מכאן התירו חכמים בת האח מכאן תשובה למינים שאוסרים בת האח. . . . בת אחות מנין סברא היא כמו בת האח כשרה כך בת אחות כשרה. Wer sind diese מינים? keine andern als die Samaritaner und die Muhamedaner[53]), erstere nach כרמי שומרון Cap. 2 Ende, letztere nach Sure. 4 Vs. 27[54]). Da nun nicht anzunehmen ist, dass der religiöse Schriftsteller für nöthig hält, die religiösen Differenzen der anerkannt getrennten Confession abzuwehren; so muss die Spitze gegen die Samaritaner gerichtet sein, und der Vf. in deren Bannlinie gelebt haben, was bei den babylonischen Gaonen durchaus nicht der Fall war.

Capitel IV.

Proben besonders wesentlicher Textesabweichungen[54a]).

A. Einleitung.

[בשם ד' אל עולם[54b]]:

כתיב[54c]) ד' קנני ראשית דרכו קדם מפעליו מאז חביבה היא התורה קדמה לעולם[54d])
כאלפים שנה שנאמר ואהי שעשועים יום יום[54e]) אמון אומן אמרה תורה אני הייתי כלי
אומנתו של הקב"ה[54f]) בי נסתכל וברא את העולם שנאמר [בראשי' ברא אלקים[54g]) ואין
ראשית אלא תורה שנאמר ראשית חכמה וכו'][55]) ויומו של הקב"ה אלף שנ' . . . .
וארבעה[56]) הלקים ווהו דור[57]) [לפי תורה בגמטריא תרי"ג[58]) והיה משתעשע בה עד יום
שנברא העולם וכה"א ואהי וכו' אמר הקב"ה לתורה אברא בני אדם שיהו משתעשים בך
ומקיימים מצותיך איזה שבח לבהולה ואין מי לארסה ומלך בלא מחנה[58a]) אמרה לפניו
רבש"ע עשה צביונך ומנין שנתיעץ הקב"ה בתורה שנאמר לי עצה וכו' על מה היתה כתובה
על גבי אש לבנה על אש שחורה[59]) שכן הוא אומר קווצותיו תלתלים שכל קוץ וקוץ
שבתורה יש בו תלי תלים של הלכות כי אם תעשה הי"ת ה"א אתה מחריב עולם כנון ולא
תהללו את שם קדשי אם אתה עושה ה"י חי"ת אתה מחריב עולם כנון כל הנשמה תהלל
יה [ואם תעשה] דל"ת רי"ש אתה מהריב העולם כנון ד' אלוקינו ד' אחד ואם תעשה [רי"ש
דל"ה אתה מהריב] עולם כנון לא תשתחוה לאל אחר ואם תעשה בי"ת כ"ף [אתה מחריב
עולם כנון] בה' בגדו ואם תעשה כ"ף בי"ת אתה מחריב עולם כנון [אין קדוש כד' אם אתה
עושה כ"ף בי"ת אתה מחריב העולם כנון כי אין בלתך][60]) . . . קווצה וקווצה בתורה שאין בה תילי

תילי של הלבות [כל] שבן תיבה עצמה[61]) וכן אמר דוד רחבה מצותך מאוד ארוכה מארץ מדה ורחבה מני ים[62]) וכשבקש הקב"ה [לברוא העולם מביט בה ובורא שנאמר ואהי אצלו אומן[63]) אומן היתה ובה נטה שמים ורקע [בתנחומה: ויסד] ארץ שנאמר אם לא בריתי יומם ולילה וכו'[64]) ובה חקק [ובתנחומא: סתם] הקב"ה מי אוקיינס כדי שלא יצא [וישטוף את העולם שנאמר האותי] לא תיראו נאם ד' ובה כבש [את התהום שלא יציף] את העולם שנאמר בחקו חוג [על פני תהום ובה ברא חמה ולבנה שנאמר כה][65]) אמר ד' נותן שמש לאור יומם וכו' ללמדך שלא נתייסד העולם אלא על התורה וכן חנה אומרת כי לד' מצוקי ארץ וכו' מאי מצוקי ארץ אלו העוסקים בתורה וכשברא הקב"ה כל מעשה בראשית אמר להן לא בראתי אתכם אלא כדי שיקבלו ישראל את התורה אם מקבלים אותה מוטב ואם לאו אני מחזיר את העולם לתהו ובהו[66]) ואמרו רבותינו[66a]) ומה נשתנה יום הששי שנא' בו ה"א מלמד שהתנה הקב"ה עם מעשה בראשית ואמר להם אם מקבלין ישראל את התורה מוטב ואם לאו אחזיר אתכם לתהו ובהו וכן בני קרח אומר נמוגים ארץ וכל יושביה אנכי תכנתי עמודיה סלה[67]) והיתה תורה משחקת לפניו בכל עת עד שבא תיק שלה ומי היה זה זה משה שהתורה סוליתה ענוה וכתרה יראה שנאמר עקב ענוה יראת ד'[68]) וכו' כתרה יראה שנאמר ראשית חכמה יראת ד' ושתי מדות האלו במי אתה מוצא אותם במש"ר וכן אתה אומר ויסתר משה פניו וכו' ואמרו רבותינו[69]) בזכות שלש זכה לשלש הרי יראה ענוה מנין שנאמר עתה לכה ואשלחך אמרו רבותינו[70]) היש לכה סתומה א"ל הקב"ה למשה לך גאל את ישראל אמר לו מי אנכי כי אלך אל פרעה יש במשפחתי שהן יותר ממני בעושר בכסף ובזהב א"ל הקב"ה משה נבחר שם מעושר רב וכו' א"ל הלא אחי גדול ממני א"ל הלוא [אהרן אחיך הלוי ידעתי כי דבר ידבר הוא][71]) והאיש משה גדול מאוד וכך בחרתי מכל ישראל א"ל עתיד [? דוד שישיר (?)][72]) עליך וכן הוא אומר אז דברת בחזון לחסידיך וכו' הרימותי בחור [מעם הסתיר (וכדומה) מישה][73]) עצמו ועמד לו מן הצד א"ל הקב"ה אם אין אתה גואלם [אין אחר גואלם][74]) אתה מוצא כשאמר לו הקב"ה למשה עשה לי אהל מועד [עמד לו מן הצד][75]) א"ל הקב"ה למה אתה יוצא להיין לך נאה לשרת בו שנאמר [ויקרא אל משה וידבר] ד' אליו וכן התורה מעידה בו גם (?) האיש משה ענו מאוד [? ראוי שתנתן תורה?] על הר סיני ושהשרה עליו רוח הקדש שנאמר [ותמונת ד' יביט[76]) וכיון שירד הקב"ה על הר סיני[77]) שיתק כל העולם [שנאמר ד' אלקים דבר מי לא ינבא][78]) ואמר לו למשה לך רד כיון שירד אמר הקב"ה [? אם ישמעו רק מפי משה?] יאמרו אחר דבר ושמעו ישראל מפי הקב"ה [אנכי ולא יהיה לך] וחקים ומצות ומשפטים שמעו מפי [משה רבינו מאי קרא תורה צוה וכו'] תורה בגמטריא שש מאות ואחת עשרה [? ובכל התורה שש מאות ושלש?] עשרה מצות[79]) וכיון שענו נעשה ירדו מאה ועשרים[80]) [ריבוא][81]) מלאכים וביד כל אחד שני כתרים א' כנגד נעשה וא' כנגד נשמע והיו המלאכים הוגרים אותן זינן וכה"א [מוס במלכים צ"ל] מוסר מלכים פתח ויאסר[82]) והיו מלאכי השרת מרדין אותן שנאמר מלכי[83]) צבאות ידודון ידודון והיו מניפין עליהם במניפות וכה"א[83a]) גשם נדבות תניף אלהים וקרע [הרבה צ"ל] הקב"ה שבעה רקיעים[84]) ופתח עליהם שבע ארצות ואמר להם בינו בעליונים ובינו בתחתונים ודעו שאין אלוה אחר עמי[85]) מיד הסכימו ישראל כלם לדעת אחת והקדימו נעשה לנשמע וכיון שעשו ישראל מעשה העגל איבדו נעשה וכה"א ויעשו להם עגל מסכה[86]) התחילו ישראל מתאבלים א"ל הקב"ה למה ישראל מתאבלים[87]) א"ל שני כוסות מזגו לי בסיני אחת נעשה וא' נשמע אבדו נעשה יקיימו את נשמע ומעלה אני עליהם כאלו קיימו את שניהם משל לה"ד לעבד שהיה בידו שתי כוסות של אבן טובה ונכנס לפלטרין של מלך והיה שם עגל על פתח פלטורין נגחו העגל ושבר אחד מהם ועמד העבד מרתית לפני המלך א"ל מה לך מרתית א"ל שנגחני העגל ושבר את הכוס האחד

א"ל הוי זהיר בשני ואין אתה חושש מן הראשון וכן אמר הקב"ה לנביא למה ישראל תוהין על נעשה יהו זהירין בנשמע ואני מעלה עליהם כאלו קיימו את שניהם וכה"א שמעו זאת הכהנים שמעו דבר ד' בית יעקב מהו שמעו קיימו מצות נשמע ואני מעלה עליכם כאלו קיימתם את שתיהן ואע"פ שבטלו נעשה ואבדו את הכתרים עתיד הקב"ה להחזירן להם שנאמר ופדויי ד' ישובון וכו' שמחה שהיתה מעולם על ראשם ואין מתן שכרה של תורה בעוה"ז אלא לעוה"ב[88]) שנ' אשר אנכי מצוך היום לעשותם. היום לעשותם ולמחר ליטול שכרם וכן שלמה אומר[89]) עוז והדר לבושו ותשחק ליום אחרון[90]) אם מבקש אתה ללמוד שכרן של מצות בא ולמד מבשר ודם מה בשר ודם ע"י שאמר ליוסף אני פרעה כמה גדולה גדלו וכמה כבוד הלק לו הקב"ה שאמר להם לישראל אני ד' על כל מצוה עאכ"ו ועוד אם מבקש אתה ללמוד למוד מעשו הרשע ומה עשו הרשע ע"י שקיים מצוה כבוד [אי"א] גדלו ונשאו הקב"ה על כל או"ה וכה"א[91]) אחר כבוד שלחני אל הגוים השוללים אתכם וכו' אמר הקב"ה אחר שאני משלם לעשו הרשע מצות כבוד וק"ו לכם ומה משאינו מצווה ועושה כך[92]) ממצווה ועושה עאכ"ו ללמדך שאין קין למתן שכרן של תורה וכן דוד הוא אומר[93]) מה רב טובך אשר צפנת ליראך וכו'[93a]) במעשה בראשית אין כתיב בה פעולה אלא מאמר אבל במתן שכר [של תו]רה כתיב פעלת לחוסים בך וכן אתה מוצא שהקב"ה מראה לעמילי[ם ב] תורה מתן שכרן בעולם הזה שכך שנו רבותינו[94]) ר' אבוה כשהיה מסתלק מן העולם נראה לו [מן?][95]) שליש עשרה נהרי אפרסמון א"ל אלו למי? א"ל לעדן בהן נופך כל אלו לאבהו ואני אמרתי לריק יגעתי וכו' וכן ישעיהו אומר[96]) אשריכם זרעי על כל מים אלו עמלי[ם ב] תורה שנאמר הוי כל צמא לכו למים אימתי כשיבא משיח בן יוסף שנמשל [ב' צ"ל ל] שור וכה"א[97]) בכור שורו הדר לו וכו' וכשיבא משיח בן דוד דכתיב ביה[98]) עני ורוכב על החמור על אות' שע' נאמר ומעולם לא שמעו ולא האזינו וכו'[99] גדול כחה של תורה שכל המתעסק בה מגדלתו ומרוממתו[100]) שנאמר[101]) סלסלה ותרוממך ומגדלתו לגדולה שנאמר[102]) בי שרים ישרו וכו' ולא עוד אלא שעושה אותו מלך שנאמר[103]) בי מלכים ימלכו והיא מארכת ימים ומעשרת שנאמר[104]) ארך ימים בימינה וכו' ושנו רבותינו[105]) כל העוסק בתורה נכסיו מצליחין כתוב בתורה ושנוי בנביאים ומשולש בכתובים כתוב בתורה[106]) למען [תשכיל צ"ל] תשכילו בכל אשר תעשו ומתרגמינן בדיל דתצלחון ושנוי בנביאים[107]) דכתיב כי אז תצליח את דרכך ואז תשכיל ומשולש בכתובים[108]) וכל אשר יעשה יצליח וכן ישעיה אומר[109]) וחפץ ד' בידו יצלח מהו וחפץ ד' בידו יצלח תצלח תורה בידו שהיא חפץ ד' יצלה [בעושר][110]) אשריהם של עמלי[ם ב] תורה שנאמר[111]) אשרי תמימי דרך וכו' אשריהם של מכבדי תורה שנאמר[112]) עץ חיים היא למחזיקים בה וכן משה מזהיר את ישראל ואומר להן לישראל[113]) כי אם שמר תשמרון שמרו עמלי[ם ב] תורה ותהיו משומרים כבדו בעלי תורה ותהיו מכובדים וכן הוא אומר[114]) ואת יראי ד' יכבד ומי הם יראי ד' אלו בעלי תורה שהתורה מדרכת אותם למוטב[115]) ומרחקת אותם מן העון שנו רבותינו[116]) את ד' אלקיך תירא[117]) לרבות ת"ח למה שאין מדה כיוצא בה שנאמר[118]) יקרה היא מפנינים מהו פנינים[119]) יקרה היא מכה"ג ששמש לפני ולפנים[120]) ארבעה דברים תשמישו של עולם ואלו הן זהב וכסף ברזל ונחשת וכולן אם אבדו יש להם חליפין שנאמר[121]) כי יש לכסף מוצא וכו' וכתיב[122]) ברזל מעפר יקח וכו' אבל ת"ח אין להן חליפין וכן הוא אומר[123]) החכמה תעז לחכם וכתיב[124]) והחכמה מאין תמצא וכו' מלך שמת כל ישראל ראויין למלוך שכל[125]) ישראל בני מלכים דכתיב בהם[126]) ואתם תהיו לי ממלכת כהנים הכם שמת[127]) מי יתן לנו כיוצא בו לפיכך מוטב לו לאדם למכור כל אשר לו וישב [במקום תו]רה שכך שנו רבותינו[128]) ר' חייא בר אבא היה הולך מטבריה לציפורי [והיה ר' יוחנן רואה] כרם נאה או שדה נאה [ו]היה אומר שלי היה ומכרתיו ועסקתי

בתורה אמרו [אמר?] לו רבי ומה הנחת לזקנותך אמר להם [לו?] לא עשיתי יפה שמכרתי דבר ששוה ששה זהובים וקניתי דבר ששוה ארבעים זהובים אמרו לו רבי כיצד הדבר א"ל בששה ימים ברא הקב"ה את עולמו דכתיב[129]) כי ששת ימים וכו' ובארבעים יום כתב התורה שנאמר[130]) ויהי שם עם ד' ארבעים יום וארבעים לילה ואל יאמר אדם מניח אני [את ה]תורה וסוחר [ואסחר] שאם איני סוחר מאין לי להתפרנס כבר אמר שלמה[131]) היתה כאניות סוחר וכו' מימיך הראית[132]) [הראית מימיך] ארי סבל או צבי קייץ או שועל חנוני והן מתפרנסין שלא בצער ומה אלו שנבראו לתשמישו של עולם מתפרנסים שלא בצער ת"ח שנבראו לשבה קונם ולקיים מצותיה של תורה עאכ"ו וכן הוא אומר ויאמר לי עבדי אתה ישראל אשר בו אתפאר לכן אמרו רבותינו ר' נהוראי אומר מניח אני כל אומנות שבעולם ומלמד את בני תורה שכל אומנות שבעולם עומדת לו לאדם בילדותו ובעת זקנותו מוטל לאשפה אבל תורה עומדת לו בילדותו שנאמר וקוי[133]) ד' יחליפו כח וכו' וכתיב[134]) עוד ינובון בשיבה וכו' ואמרו רבותינו[135]) בא וראה שלא כמדת הקב"ה מדת בו"ד מדת בו"ד כשהוא מוכר חפץ לחבירו[136]) מוכר עצב ולוקח שמח [אבל הקב"ה אינו כן נתן תורה לישראל ושמח הוי כי לקח טוב וכו'] דיו לעבד שהוא כרבו לשעבר הייתי אני משתעשע בה שנא'[137]) ואהיה אצלו אמון וכו' ועכשיו השתעשעו בה אתם דכתיב[138]) משחקת בתבל ארצו ומי הם בני אדם המה ישראל דכתיב[139]) ואתן צאני צאן מרעיתי וכו' אבל או"ה כבר נטלו כלמתם מסיני שנאמר[140]) והגוים חרב יחרבון מהר חורב יחרבו אבל אתם בני שמרו חקתי ומשפטי דכתיב[141]) בני אם תקח אמרי ומצותי תצפן אתך אם אתה צופן אמרי אתך הוכה לטוב הצפון שנאמר[142]) מה רב טובך אשר צפנת ליראך וכו' מהו נגד בני אדם נגד או"ה שנקראו אדם וכה"א[143]) וירד ד' לראות את העיר וכו' ואומר[144]) תערוך לפני שלחן וכו' וכתיב[145]) ד' מנת חלקי וכוסי וכו'[146]) אשרי מי שגדל בתורה ועמלו בתורה וכן התורה מכרזת ואומרת[147]) אשרי אדם שומע לי וכו' וכל השומע לתורה אינו ניזק וכה"א[148]) וישמע לי ישכון בטח וכתיב[149]) בהתהלכך תנחה אותך וכו' בהתהלכך תנחה אותך בעוה"ז בשכבך תשמור עליך בקבר והקיצות היא תשיחך לעת"ל מהו תשיחך שבהלכה שנסתלק מן העולם הזה היא אומרת לו בי נסתלקתה מן העולם הזה בי[150]) התהיל ד"א היא תשיחך היא מלמדת ד"א היא תשיחך נעשית לו פרקליט גדול אשרי מי שהתורה פרקליט שלו וכה"א[151]) אשרי איש ירא את ד' במצותיו חפץ מאוד מי הוא ירא את ד' מי שהוא חפץ בתורה ובמצות לפיכך בחר הקב"ה בישראל וחפץ לזכותם והרבה להם את התורה וכה"א[152]) ד' חפץ למען צדקו וכו' וכתיב[153]) וזאת התורה אשר שם משה וכו'.

Nach dieser bogenlangen „Glorification der Thora“ folgt eine zweite Einleitung die im Ganzen mit der in unsern Ausgaben übereinstimmt, allerdings auch hier theils mit Abkürzung der Sätze, theils mit Umstellung anderer, wie z. B. im Mscr. die Einleitung nicht mit der ברכת התורה[154]) (der übrigens auch die 7 Psalmverse nicht angehängt sind), beginnt, sondern diese an deren Ende gestellt ist. Dann folgen endlich noch einige summarische Zusammenstellungen der diversen **עונשים**, welche aber besser zum Folgenden genommen werden.

B. Abweichungen bei der Eintheilung und Detaillirung der **מצות**.

Die Classificirung der **מצות לא תעשה** ist im Mscr. eingehender als in unserer Ausg., namentlich wenn man die Ergänzung in einer Parallelstelle, die sich gegen Ende des Mscr., in הלכות משמורות (:שסו) befindet, hinzunimmt. Dort werden nämlich die 613 Gebote (Makkoth Ende) folgendermassen zusammengesetzt 1) mit סקילה 18; 2) mit שריפה [154a]) 9; 3) mit חנק 8 (s. weiter unten); 4) mit הרג 2; 5) mit כרת 23; 6) mit מיתה בידי שמים 11; Summa 71; 7) mit מלקות 277; 8) מצות עשה 200; 9) „Abschnitte, Gesetze und Rechte, welche der Gesammtheit überantwortet (המסורים לצבור) 65; Gesammtsumme 613. Es scheint diese Classification in unserer Ausgabe nur durch Copistenfehler ausgefallen zu sein, da einmal bei Summation der einzelnen עונשין, (bis auf "נהרגי" wo die zugehörige Zahl zu klein erschienen sein dürfte), dabei immer das Wort "אלו" gebraucht wird, welches sich eben auf die vorausgeschickte Classiflcation bezieht, dann aber auch den מ"ע ganz unvermittelt die Aufzählung dieser פרשיות חקים ומשפטים המסורים לצבור folgt, die wiederum mit dem "אלו ס״ה פרשיות" schliesst[155]). —

Im Einzelnen scheint bei חנק die Zahl im Mscr. (7) weder mit unserer Ausgabe (9) noch mit obiger Parallele (8) zu stimmen, es scheint aber eben nur so, die Differenz mit unserer Ausgabe ist vielmehr so auszugleichen, dass im Mscr.: das והוא עמו als Pendant zu והבא על אשת איש sowie בועל בת כהן neben den וזומן nicht besonders gerechnet, wohl aber in unserer Ausgabe, in obigem Citat aber ist eines derselben, wahrscheinlich letzteres, gerechnet. Indess scheint doch die letztere Angabe die richtige zu sein, da andernfalls die Gesammtsumme der mit dem (richterlichen oder göttlichen) Tode bestraften Verbote, welche auch hier auf 71 angegeben, nicht stimmen würde, während dies in unserer Ausgabe dadurch genau ist, dass die חייבי כרת nur auf 22 summirt sind.

Bei כרת ist in unsern Ausgg. höchst auffallendermassen אשת אחיו weggelassen und daher fälschlich zur Zahl 22 summirt, während es mit demselben 23 sind, was Beides im Mscr. geschehen; ebenso richtig fehlt im Mscr. das Wort "עולה" [השוחט והמעלה], da שחיטה והעלאה חוץ ganz allgemein verboten ist (Kritut I. 1. Sebachim VIII. 1 Maimon. שגגות I. 4. מעשה הקרבנות XVIII. 2 ff.) — Bei מיתה בידי שמים fehlt im Mscr. מחוסר ששימש, nämlich מחוסר בגדים; es ist aber zur Gesammtsumme (11) mitgezählt. — Bei denen, worauf die מלקות-Strafe ist, und die in wesentlich verschiedener Aufeinanderfolge aufgeführt sind, finden sich auch bedeutende Abweichungen, es fehlen im Mscr. 19 unserer Ausgabe[156]) während 4 in unserer Recension nicht genannte vorkommen[157]); an einer Stelle des Codex ist offenbar eine Lücke von 5 לא תעשה[158]). — Auch bei den מצות עשה sind Abweichungen, theils in verschiedener Aufzählung theils in wesentlich verschiedenem Worte. In ersterer Beziehung dürfte sich die Gesammtzahl gleich bleiben[159]) letzteres findet an 5 Stellen statt[160]). — Den letzten Passus bilden die 65 פרשיות המסורות לציבור, ein im Prinzip selbst, der Zurechnung zu den 248 מ"ע wegen sowohl, sowie der Doppelzählung einiger schon oben vorgekommenen מצות undurchdringliches Dunkel[161]). Hier wollen wir nur constatiren, dass zwei פרשיות[162]) im Mscr. fehlen, dagegen eine sich mehr findet[163]).

Den Schluss dieser bogengrossen Einleitung bildet 1) Aufzählung aller עריות und שניות 2) Angabe, auf welchen der ersteren סקילה, שריפה, חנק und bei welchen nur כרת ist 3) Glorification der Einrichtung der שניות mit Anführung der beiden talmudischen Gleichnisse dafür (Jebamoth 21a)[164]) 4) eine bunt zusammengewürfelte Nebeneinanderstellung von Gegensätzen zwischen עריות u. שניות, Eheverbot für die כהנים, unbedingter Anspruch des פי שנים eines aus solcher verbotenen Ehe entsprossenen Erstgeborenen, wie seine Geltung in Bezug auf מצות יבום[165]) und endlich nochmals (nach einer entschieden glossatorischen Wendung[166]) die Wiederholung von Mischna Jebamoth I. 1.

C. Die oben (S. 8) erwähnte, Beza 22b correspondirende in unsrer Recension 74a Z. 11 ff. befindliche Stelle der Handschrift.

איבעיא להו מהו לעשן ר׳ ירמ׳ בר אבא [אמר] אמר [רב][167]) אסור ושמואל אמר מותר א״ר[168])
הונא אסור לעשן מפני שהוא מכבה א״ל ר״נ ולימא מר מפני שהוא מבעיר א״ל תחלתו מכבה
סופו מבעיר א״ר יהודה ע״ג גחלים אסור ע״ג חרס מותר רבה ור׳ יוסף דאמרי תרוייהו אפילו
ע״ג חרס נמי אסור משום דקא מוליד ריחא[169]) והלכתא מותר לעשן מידי דהוה [א]כשרא
אגומרא והאי לעשן בית לבסומי ריחא דביתא אבל לעשן כלים דשארי בהו חמרא לא דלא
עדיף ממלבושא דיו״ט דאדם רוצה להתכבד בהן וקא אמרינן אי קיטורי בידיה מעשה אומן
הוא ואסור לעשן הילכך לעשן בית הוא ומותר וכן לעשן פירות ביו״ט מותר כגון חרדל וכל
הדומה לו וכל פירות הנאכלין ביו״ט בו ביום ושדר ר׳ פלטוי בר אבוי גאון לעשן הבית אסור
דעישון הבית הוא ככל מגמר מלבוש דאמרינן ביה איסור וכלים נמי אסור דלא עדיף ממלבוש
וכל לעשן הבית לבסומי ריחיה דביתא הילכך אסור ומאי דבעא [ואמר?] מהו לעשן הבית ר׳
ירמיה בר אבא . . . מבעיר [ו?][170]) לעשן פירות הוא דבעא הילכך לעשן פירות מותר אבל
לעשן הבית אסור ושדר רב מר רב כהן צדק גאון לעשן הבית[171]) מותר ובעל זה ההלכות[172])
ס״ל כמר רב כהן צדק דאמר מותר.

D. Ich schliesse hieran eine andere halachische Stelle, an der uns ein anonymer Interpolant besonders arg, ja bis zur Umkehrung der im Talmud ausdrücklich gegebenen הלכה mitgespielt[173]). Dieselbe correspondirt der Mischna Jebamoth X. 4 ר׳ יוסי אומר כל שפוסל וכו׳ und der zugehörigen Discussion Jeb. 95b. In unsern Ausgg. (126a) ist nur der Wortlaut der משנה sowie der פסק הלכה: (אריא״ש הלכה כר׳ יוסי) entlehnt. Im Mscr. jedoch (קעז׳) ist zugesetzt פירושא
כהן [צ״ל בהדין ד]אשת גיסו כך אמר ר׳ יוסי כמה דאשת גיסו אסירא כך אשתו תהא אסירא
פוסל ע״י עצמה והיא[א]) אשתו והא פסולה וליתא[ב]) כר׳ יוסי והלכתא כת״ק ולא אמרינן מתוך
שנאסרה אשת גיסו אניסו תאסרנה אשתו עליו אלא מותרת דאסר כי היכי דאשת גיסו אסורה

א) פי׳ במלת „עצמה״ הכוונה אשתו. ב) אם יש תיקון לדברים מבולבלים צ״ל כך: וליתא לת״ק דלא
אמרינן . . . . והלכתא כר׳ יוסי דאמר כי היכי דאשת גיסו אסירא וכו׳.

כך אמרינן בגמרא. Dasselbe kommt nun (das.:) nochmals vor, nämlich: מי שהלך אשתו למה"י ואע"ג דאזיל אשתו וגיסו למ"הי וכו'א) ואמרו לו מתה אשתך וגיסו [צ"ל וגיסך] ונשא את אחותה דאי [צ"ל שהיא] אשת גיסו ואח"כ באתה אשתו ומת גיסו מותר לחזור באשתו הראשונה ולא [אמרינן] מתוך שנאסרה אשת גיסו אגיסו תאסר עליו אלא מותרתב) ובעל ההלכה עזב זו דהיא להיתירה והחמיר בה באשתו לאיסורו באשת גיסו פי' כל שפוסל וכו' באישתו וגיסו שהלכו למ"הי הא דאמרינןג) אשת גיסו אסירא ואישתו שריא ור' יוסף [צ"ל ר' יוסי]ד) אמר כי היכי ואשתו [דאשתו] לא אסירא אשת גיסו נמי לא אסירא וזה הוא פירושא.

E. Eine Stelle aus סדר נזיקין will ich diesen Excerpten anschliessen. Das Thema ist דין שבועת אונס und speciell die Erzählung von den eidlich erhärteten Behauptungen der ר' אמי ור' אסי (Scheb. 26a und Pst.; in unsrer Ausgabe 230b). Hierauf nun wird im Mscr. [רפב.] fortgefahren:

פירוש אלו בנדרים הלך אחר לשון בני אדם כגון דבר שהוא עכשיו בבריאותו ה) ונדר בו שלא לאכול חזר ונשתנה לדבר אחר בעינו ובשמו וחזר לברייה אחרת כגון האבטיח שנשתנה מברייתו וכל הדומה ליה כגון זה מותר והוא כתיב [כנדר צ"ל] כנזיר מיין ושכר יזיר חומץ יין וחומץ שכר לא ישתה והלא כבר נשתנה הכל ומפני מה יהא אסור בכל פילוש ו) חוץ מנזיר מפני שגזה"כ הוא פירוש ז) ואין להקדיש [צ"ל להקיש] שבועות לנדרים שיש חומר כשבועות יותר מבנדרים בכמה פנים כמה ששנינו[174]) מה הפרש בין נדרים לשבועות שהנדרים כנודר בחיי המלך ושבועות כנשבע במלך זה פירוש ראש ישיבה[175]) שבועת הדיינין הטענה שתי כסף פי' שתי כסףח) כסף דרבנן נינהו ט) דאיד כח [נ"לע"ד המכוון כראשי תיבות אלו „דאי דינר בחד"] מנהון כסף דאורייתא י) מתקלא דדינר דהבא כסף וחצי חסר ד' שעורי' פי'יא) מתקל דהבא והוספתיב) שמיניג) דל מיניה זוזא דרבנן ג'יד) חרובין [ארוכהטו) כמה דאמרן] מכאן אתה מוצא דזוז דרבנן ג' הרובין שלנו.

א) סימן זה ישייך אחר ראשי תיבות זה הראשון. — ב) צ"ל ובעל ההלכה עזב זו דהיא אשתו להיתירא והחמיר בה באשת גיסו לאיסורו פי' בעל הלכה זו היינו ת"ק דמחלק בין אשת גיסו ובין אשתו ומתיר אשתו אף שאוסר אשת גיסו, וחסר כאן בבא דר' יוסי המובא לעיל ומתחיל מיד בפירושו. — ג) דהיינו לת"ק. — ד) פי' זה הוא לפי ההו"א ומקשה עליו בגמרא ומפרש להיפך ונראה שחסר בגליון שקלא וטריא שבגמרא. ה) כברייתו. — ו) מלשון מפולש דהיינו בכל יציאה אפי' נדר מענבים ועתה נעשה יין או יין ונעשה חומץ ומתרץ כנ"ל. — ז) תמיה על בעל הגליון הזה שהביא לשלפנינו דברי הספרי וע"כ החילוק בספרי בין נדרים לשבוע' לא קאי על שגגות דהא באמת שבועות שגגות מותרות מדרב כהנא ור' אסי אלא לגירסא שלפנינו קאי על נדרי הבאי ובגירס' דידן (נדרים כ"ד:) וכ"ה ברי"ף ורא"ש ודלא כגירס' הר"ן שם וכ"ה דעת הרמב"ם בהלכות שבועות והרמב"ן בהלכותיו או לגירסא שהגיה הגאון רא"וו דמחק בפירושו לספרי מלות „שאפשר לו" והגיה „לדבר הנדור" והיינו שהשבועה חל אפי' בהסמיכה לדבר האסור דסמיכה בשבועות לא מועלת ולא מורדת ויותר תמוה דהא לא על חומרא דשבועות אנו דנין אלא על קולא דהאדם בשבועה פרט לאנוס. — ח) דברי הגליון התומים וסתומים מאוד ואנסה לפרשם א' א' בעל הגליון סובר כשטת רבותיו דרש"י [קידושין י"א:] ופירוש ר"י בתוס' שם ובשבועות דדינר הוא מטבע פחותה של צורי ולפ"ז מעה הוא „כסף דרבנן". — ט) ומש"ה קאמר (כפי שנלע"ד פשר ראשי תיבות האלו) „דאי דינר, בחד" מנהון (כבר הוא כסף דאורייתא. — י) כאן מתחיל מאמר חדש שמשקל דינר זהב הוא עשרים ושעורים כי משקל מעה (דהיינו כסף דרבנן) הם ט"ז שעורות כמבואר ברמב"ם פ"ג מטוען וטוח"מ סי' פ"ח ובזמן הגליון היה משקל דינר זהוב כמשקל מעה וחצי פחות ד' שעורות דהיינו עשרים שעורות ואין זה רחוק כלל ועיין תוס' כתובות צט. וכשאר מקומות דבימיהם היה משקל דינר זהב כפליים כשל כסף. — יא) ועתה חזר הגליון ושנה דרך על המשקל אנו דנין [ולא על השווי כי דינר זהב שוה כ"ה פעמים דינר כסף כמבואר בב"מ מ"ד:]. — יב) צ"ל שמונה דהיינו שאתה צריך להוסיף שמונה שעורות על משקל דינר של כסף. — יג) אחר דדל מיניה דהיינו כסף וחצי הנ"ל. — יד) מטבע הנהוגה בזמן הגליון. — טו) פירוש מלות המוסגרות נעלם לי בכל וכל.

F. Zum Schlusse noch ein Bruchstück aus jenem agadisch-martyrologischen Passus (Meïla 17a u. b., in unsrer Ausgabe 274b, im Mscr. :שמח ff.) dessen ich Cap. III erwähnte. — Als Erweiterung für die Worte: ובטלוה „הגזירות" הכירו בו שהוא יהודי (Meïla das.) heisst es hier:

א"ל לקיסר אדוני אם כן שלח אגרות בכל ארץ ישראל ויבטלו גזירות הללו מיד צוה הקיסר לכתוב איגרות ושלח בכל ארץ ישראל ויצא ר' ראובן בן אצטרובולי מלפני הקיסר ונכנסו גדולי מלכות אצל קיסר ומצאו הדברים הפוכים ואמרו אצבע יהודי היה בכאן סיפר להם הקיסר כל המעשה אמרו לו חזור בך אמר להם אין מלך חוזר בדבורו אמרו לו לקיסר א"כ כתוב באיגרות אלו כל מי שיוליכם יהרג צוה המלך ועשו כן שב ר' ראובן ושלח איגרות בכל ארץ ישראל ואל כל החכמים והגיד להם את כל המעשה ועכשיו אם יש בכם אדם מלומד בנסים יבא אצלי שמא יעזור לנו הקב"ה ונבטל את גזירות האיגרות נתנו עיניהם ברשב"י[176]) וכו':

Die Dämonlegende daselbst hat folgende Erweiterung erfahren:

והיו המלחים הולכים ובאים בספינה ודרך אחד מהן על צוארו של ר' אליעזר ויצאה השידה (שד) מפיו באותה שעה נשא עיניו רשב"י בתודן וראה את השידה יושב עליו אמר ליה רבי שמעון לשידה מה שמך א"ל שמדון בן יוסף שר השדים א"ל מה טיבך כאן א"ל לעשות לך נס באתי כאותה שעה אמר ר' שמעון רבונו של עולם להגר המצרית שלחת מלאך ולי אני עבדך שמדון בן יוסף שר השדים א"ל שמדון ומה איכפת לך [אני] מוכן שאעשה לך נס שאתה מבקש א"ל רבי שמעון איזהו נס שאתה עושה לנו א"ל שמדון עכשיו אני אלך ואכנס בבתו של מלך והיא צווחת ואומרת הבו לי רשב"י לרפואתי[177]) ואתה רבי כשתלך לחוש על אוזניה ואני אצא ממנה א"ל ר' שמעון ומה סימן יהיה לי שתצא ממנה א"ל שמדון באותה שעה שאצא ממנה ישתברו כל כלי זכוכית שיש בפלטרין של קיסר א"ל רבי שמעון לשמדון שר השדים לך עשה כאשר דברת באותה שעה הלך שמדון והלך בבתו של קיסר והיא היתה צווחת ואומרת הביאו לי את רשב"י לרפאותי שלח קיסר אחריו בארץ ישראל להביאו אמר [?] לפריסטיקיא (?) הרי הוא לפניך בספינה בא אפריסטקיא ואשכחיה בספינתא דיתיב וקא גריס ואוביליה לגבי קיסר א"ל קיסר אתה רשב"י א"ל אנא א"ל יכול אתה לרפאות את בתי א"ל הין א"ל קיסר ומה אתה עושה לה א"ל אני אלחוש באזניה והיא מתרפאה מיד א"ל קיסר ומה ס[י]מן יהיה באותו שעה א"ל כל כלי זכוכית שבפלטרון [שלו צ"ל] שלך ישתברו מיד לחש רבי שמעון באזניה ונתרפאת ונשתברו כל כלי זכוכית שבפלטורין של קיסר באותה שעה[178]) . . . .

Capitel V.

Bestätigung der Varianten aus den ראשונים.

Wir haben oben (S. 7) schon gesagt, dass bei allen bedauerlichen Verunstaltungen des ursprünglichen gaonäischen Werkes durch spätere Einschiebungen, die glücklicherweise gewöhnlich an der Sprache sowie auch meist an der Minitiosität des Inhaltes zu erkennen, dennoch die älteren הלכות גדולות durch den codex grosse Bereicherung gewinnen. Wir wollen dies im Folgenden durch eine Reihe von Stellen aus den Rischonim, — denen leicht noch 2—3 mal soviel hinzugefügt werden können, — belegen, und solche Citate aus dem בה״ג anführen, welche sich entweder nur in der Handschrift finden, oder denen die Lesarten der Handschrift weit mehr als die in unseren Ausgaben conform sind.

1) בטור אורח חיים ק״ה הובא בשם בה״ג דגם אם שכח תפלת ערבית ותפלת שחרית מתפלל מנחה שלש תפלות יעויין שם ובבית יוסף ובנוסחת הדפוס (6b) אין רמז לזה אבל בכ״י איתא כן בפירוש.

2) הרי״ף פרק מי שמתו (כג.) פסק דבתפלה אם שהה כדי לגמור את כלו חוזר לראש מה שאין כן בקריאת שמע תקיעות הלל ומגילה והובא ברא״ש שם סוף סימן מ״ב והרז״ה ותר״י ורבני צרפת וגם הרא״ש עצמו בסימן כ״ג חולקים ולא מחלקים ובמלחמות שם כתב דבה״ג סבירא ליה כשיטת הרי״ף ובנוסחא שלפנינו (5a) אין רמז לזה שלא הביא אלא סוגיא דגמרא יעויין שם אבן בכתב יד (יט.) מפורש כן דאחר שהביא אוקימתא דר׳ אשי שם כתב וז״ל ואי פסק ושהה כדי לגמור את כלו חוזר לראש ובמגלה והלל אף על פי ששהה כדי לגמור את כלה אינו חוזר לראש אלא למקום שפסק עכ״ל.

3) זה לשון הרא״ש פ״ג דברכות סוף סימן מ״א: וכתב בעל הלכות גדולות והוזר לתפלתו בא להשמיענו שהוזר למקום שפסק עד כאן לשונו ודבריו סתומים עיין מעדני יום טוב ופירוש דברי הרא״ש נראה לפי ע״ד כך ומתוך דברינו יתבאר דהוכחתו מכוונת יותר לנירסת הכתב יד דהגה בשתי הברייתות (ברכות כד:) היה עומד בתפלה ונהעטש וכו׳ היה עומד בתפלה ובקש להתעטש וכו׳ בשתיהן גרסינן בסוף: והוזר „ומתפלל״ ומלשון זה ליכא הוכחה דהוזר למקום שפסק שאפשר לפרש ג״כ דהוזר ומתפלל מתחלה [ומה דגרסי׳ אחר ברייתא ב׳ בסוף הרבונו של עולם והוזר למקום שפסק היא הוספת אחרונים כמו שהעיר כבר במעדני יום טוב ובדקדוקי סופרים] אבל בבה״ג שלפנינו בבריתא הגירסא הוזר „לתפלתו״ משמע יותר לתפלתו הראשונה והוזר רק למקום שפסק ובברייתא ב׳ הגרסא הוזר ועומד במקומו ומהורת התפלה לא מיירי לפ״ז אבל בנוסחת כ״י (כ.) גם בבריתא הב׳ הגרסא והוזר לתפלתו אם כן מוכח מהלשון בב׳ הברייתות דהוזר למקום שפסק כנלע״ד כוונת הרא״ש.

4) בפלונתא דת״ק ורשב״א ודאבוה דשמואל ולוי ורב אשי (ברכות ל.) הביאו התוס׳ (ד״ה מסמך) והרא״ש שם (סוף סי׳ ד׳) והטור סי׳ פ״ט ובאור זרוע (סי׳ נ״א) דבה״ג פסק כרשב״א ובנוסחתינו (8b) לא הובא אלא לשון הגמרא בלי החלט פסק אבל בכ״י (ט״ז:) פסק בפירוש דהלכתא כרשב״א:

5) הרא״ש פרק כיצד מברכין סי׳ כ״ז הביא בשם בה״ג שאין צריך לברך לאחריו על הכוס של ברכת המזון וכן הובא בטור סי׳ ק״ץ ויעויין בב״י שם דלסמ״ג ט״ס הוא בנוסחת הבה״ג והב״י רוצה ליישב שיטתו יעו״ש היטיב והנה בבה״ג שלפנינו איתא מעין דין זה בשני מקומות 1) (16b) הביא המשנה (ברכות מב.) „בירך על היין שלפני המזון פטר את היין שלאחר המזון״ והוסיף וז״ל מקמי ברכת המזון אבל כוס בהמ״ז בעי ברכה 2) (21a) פסק . . . . וכן חמרא ושכרא ומשחא כד מברך זימנא קמייתא מכאן ואילך לא צריך לברוכי ועל כוס של ברכה צריך לברוכי עכ״ל ומובן דמזה לא נשמע דמיירי דווקא מברכה ראשונה אבל מלאחריו מהני פטור של ברכת המזון ודילמא אתרוייהו קאי דבעין אבל בנוסחא כ״י [לו·] איתא בפירוש ובסא דברכת המזון מברך כפה״ג ולא צריך לברוכי בתרא ברכה אחת מעין שלש:

6) בה״ג סוף ברכות (24b) הביא הברייתא תניא רמ״א מאה ברכות וכו׳ (מנחות מג: וסוף ברכות) ובטור א״ה סי׳ מ״ו הביא בזה תשובת ר׳ נטרונאי דדהע״ה תיקנ׳ דכתיב נאום

הגבר הוקם „ע״ל״ [גימטריא מאה] יעו״ש סבת התיקון וכן בכתב יד הביא ב׳ הפסוקים: „מה״ וגם „על״ וכ״ה בבה״ע סוף ברכות. וזה נראה שרמז הטור שם בכתבו שסמכו על מדרש „פסוקים״: —

7) [הלכות שבת פ׳ ח״י (39b) והוא משבת קכ״ט. אמר שמואל עושין מדורה לחיה בשבת וכו׳] וההוספה ולא היא וכו׳ ליתא כמו דלא גרסוה כל הראשונים עיין בדקדוקי סופרים ובכ״י [נו:] יש שינוי קצת דגרס איתמר „נמי״ ולא „איתמר״ גרידא ובזה תומתק יותר שטת הרמב״ם פ״ב הי״ד משבת וע״ש בהה״מ ובר״ן בסוגיא ובכ״י ולגירס׳ הכ״י סייעתא להרמב״ם רדוקא חיה ומקיז דם ולא שאר חולה:

8) (36b) ריש פרק ט״ו בנוסחתינו לא הובא רק המשנה כצורתה ונראה פשוט דלא קי״ל כר״מ אלא כסתם ת״ק והרמב״ם בחבורו לא הביאו כלל ובפירושו כתב בפירוש ראין הלכה כר״מ וכ״כ הרעמ״ב וכן לא הובא דעת ר״מ בשו״ע אף דהובא שם החילוק שבין החיוב והפטור אכן בכ״י [נ:] איתא ושדר ר׳ צמח בן פלטוי ריש מתיבתא דהלכתא כר״מ והיא דעת שבולי לקט הובא בב״י סי׳ שי״ז ועיין במה שהאריך בזה בקרבן נתנאל ריש אלו קשרים:

9) הלכות שבת פרק ט״ז תנו רבנן „שכח פת בתנור . . . . עד לאחר השבת״ והוא מגמרא דידן [קיז:] אכן שלשה מלות האחרונות אינן בגמ׳ דידן אבל נמצאו בתוספתא פרק י״ד כאשר התעורר כבר הגאון בעל הגהות בדפוס ווארשויא אמנם מלת „עד״ ליתא גם שם ובכתב יד [נה:] נזכר הדין ב׳ פעמים באותו עמוד בפעם אח׳ בחסרון שלשה מלות (כבנוסחתינו) ובפעם ב׳ בחסרון מלת „עד״ כבתוספתא [וצל״ע אמאי לא הובא דינא דתוספתא מהפוסקים]:

10) הרי״ף סוף פרק כ״ב דשבת הביא בשם ר׳ צמח בן פלטוי גאון דבמקום צער מותר לעשות אפיקטויזין בשבת ואין רמז מזה אצלינו בבה״ג (סוף פרק כ׳ דשבת) אכן בכתב יד [סה:] איתא וז״ל „דווקא בזמן שאין בו צער דקא עבר משום בל תשחית שהוא אוכל וממלא כרסו ומקיא אותו אבל [אי] בשביל צערא קעביד שפיר דמי דהוה ליה דבר שיש בו רפואה דהכי שדר ר׳ צמח בר פלטוי ראש מתיבתא:

11) הרי״ף והרא״ש הביאו בפרק כל הכלים בפלוגתא דת״ק ורבי יהודה בשברי כלים הניטלים בשבת [קכד:] בשם בעל הלכות שכתב בשם ר׳ צמח גאון דהלכה כרבי יהודה דצריך שיהיו עושין מעין מלאכתן ולפנינו [44b] לא נמצא רק העתק המשנה בלי פסק אבל בכתב יד [נד:] איתא כן דשדר ר׳ צמח בר פלטוי דהלכתא כר׳ יהודה וכאוקימתא אליבא דמר זוטרא אבל נשברו מערב שבת אפילו רבי יהודה מודה וגם הטעם שהביאו הרי״ף והרא״ש בשמו משום דרבי מאיר ור״י הלכה כר״י [והשיגו ע״ז] איתא שם. — ואגב אעורר על מה דאיתא שם בבה״ג שלפנינו מיד אחר כך „וסופת״ ממנה שבר וכו׳ ובגמרא ובתוספתא איתא ולא יספות ובנוסחת כתב יד באמת כך הנירסא. —

12) ז״ל בה״ג שלפנינו הלכות פסח (59b) והלכתא מותר ללתות חטים בפסח והוסיף בכ״י [פ:] והאידנא שדרו ממתיבתא דאין אנו בקיאין ללתות הילכך אסור ללתות הטין בפסח לחומרא לפי שאין בקיאין עכ״ל ושידור זה הוא מה שהביאו הרי״ף והרא״ש בפרק כ״ש והרמב״ם פ״ה והטור ס״ס תנ״ג:

13) ז״ל בה״ג הלכות פסח (60b) על הא דתנן סוף פסחים אין מפטירין אחר הפסח אפיקומן: ואסיר למיכל (שום) מידי בתר מצה ולא למשתי בר מן כסא דברכתא וכסא דהלילא ואי בעי למשתי מיא שתי והוסיף בכ״י [פג·] ואם רצה לשתות כוס אחר ארבע כוסות אוהו כוס חמישי ואומר עליו הלל הגדול יעו״ש ובר״אש פרק ערבי פסחים (סימן ל״ג) הובא כן בשם ר׳ יוסף ט״ע וכן הובא בא״ז סוף הלכות פסחים:

14) בהלכות לולב (68a) אחר המלות „וחייב לברך" יש הוספה בכתב יד [אבל אין ענינה לכאן כלל] והיא „[פירוש וצ״ל] פסק ושדר מר רב כהן צדק אסור למהלב עיזא בשבתא ואי איכא משום סכנה של בהמה אומר לגוי לחלוב וטול לעצמך ומותר בכך" ודין זה מובא גם בהגהות מיימוניות פ״ח דשבת הלכה יו״ד אות קטן ז״ן בשם תשובת רב כהן צדקא) וכן במרדכי סוף פרק אלו מציאות:

15) בטור אורח חיים סימן תק״ף הובא בשם הבה״ג דבח״י [אב] כבה נר מערבי בימי אחז וכן הוא בשולחן ערוך שם וכן הוא בסוף מגלת תענית ובכל בו וכ״ה בכ״י (קיא:) ולא בבנדפס (79a) דהגרסא „י״ז" — עוד שם (בכתב יד) ב„חמשה" בו [תשרי] מתו „עשרים" [וסכום „כ" הסר במגלת תענית ובכל בו] איש מישראל וכן הוא בטור ש״ע שם ולא כבנדפס דהגירסא ב„עשרה" בו מתו „עשרה" אנשים מישראל — ובמיתת רבי עקיבא (שם) הגירסא בכ״י נחבש בבית האסורים וסרקו את בשרו במסרקות של ברזל עד שמת.

16) בבה״ג הלכות מגילה איתא בגרסת הנדפס (80a) וזה לשונו והיוצאין בשיירא והמפרשין בספינה קורין מאחד עשר ואילך ובכתב יד (קיד:) איתא: היוצאין בשיירא ומפרישין בספינה קורין בארבעה עשר ושרו ממתיבתא היכא דנפיק בשיירא או פריש בספינה קודם ארבעה עשר יעשה כל תקנה שיכול לעשות כדי שיקרא אותה בארבעה עשר ואם אינו יכול לעשות שיקרא אותה בארבעה עשר יקרא אותה בשנים עשר ובשלשה עשר ומקור כל זה בתוספתא וכן איתא בטור אורח חיים ושולחן ערוך תרפ״ח וכן הובא במרדכי בשם בה״ג.

17) בבבא קמא קיב: הביאו התוספות [ד״ה מצי] בשם בעל הלכות גדולות וכ״ה ברא״ש והטור סימן י״ד והרא״ש סנהדרין ס' ג״נ ובמרדכי שם דרווקא הנתבע מצי לאישתמוטי ולומר לב״ד הגדול אתינא ובנוסחא שלפנינו (176b) אין שום רמז מזה אבל בכתב יד [ר״ה.] נוסף מלה אחת וז״ל מצי משתמט ואמר „א נ א" לבית דין הגדול אתינא משמע שזו תשובת הנתבע על טענת התובע כנלע״ד.

18) התוספות הולין [ל': ר״ה למרתנו] והרא״ש שם הביאו בשם בה״ג דגרס בגמרא שם מתניתין בסכין אחד ושני בני אדם ולא כגרסתינו דגרסינן מתניתין בשתי סכינין ובנוסחא דידן (253b) הגירסא כבגמרא דידן אבל בכתב יד (ש״ג:) הגירסא כמובא בתוספת ורא״ש:

א) והובאו בהג״מ שם שתי תשובות הגאון הנ״ל לפי תשובה הא' החלב אסור לישראל כ״א לגוי עצמו וכתשובה שלפנינו בכ״י ולפי תשובה ב' החלב מותר אף לישראל—ובאמת חידוש הוא שנעלמה תשובה זו להרא״ש [פרק מפנין סי' ג' ובפרק אלו מציאות סי' כ״ט] והטור סי' ש״ה והכלבו הלכות שבת שהביאו הדין רק בשם מהר״ם ובזה יש לדקדק ע״פ הכ״י שלפנינו עוד באיזהו מקומן למשל: דהרא״ש הביא בפרק נוטל סי' ב' בשם רבינו נסים [תלמיד רב האי] דאסור לטלטל פמוט שהדליקו בו באותו שבת ע״י ככר או תינוק עיי' בב״י סי' רע״ט ובטור סי' ש״א ובאמת כבר שדר כן רב צמח בר שלמה דיינא דבבא [דמרותא חסדאי ?] כמובא בכ״י שלפנינו [מה.]:

NOTEN.

Capitel I.

[1]) Vgl. המגיד, Jahrg. תרל״ד, No. 14. — Halberstamm hat, wie ich aus Privatnachrichten erfuhr, einige hierauf bezügliche Materialien gesammelt. —

[2]) No. 142. par.[10].

[3]) Als Marginalien befinden sich folgende Notizen, die weder aus dem Aramäischen, wie Neubauer (a. a. O.) meint, noch kaum aus dem Arabischen erklärlich, vielleicht aber ganz oder theilweise Einem der Leser zugänglich sind, weshalb ich sie hier aufzählen will. Zu 6a α) כ. באפרקסותו (גלאלה). — 10a כא. רחח (אתאין). — 12b (Ende אין עומדין (כג. לקול וכאן לסבר ואנמא ד׳ ל׳ נאסך (oder פרל) קר כדר, wozu der Copist hinzufügt: המלות האלו על חיתוך הגליון והן קשי הבנה ואני כתבתים אות באות כאשר המה. — 16a לב. גודגלידא (עסאלג). — Das. ל. שהרנג (β חבקנב?). — 17a לח: סיגלי (גפסג?). — 18b לז. ידיו (מול?). — Das. שלאבא (γ המאג?) — 22a לח. ארנקא (נד׳אב). — מג. (in unseren Ausgg. [vgl. 50b] nicht erwähnt) תרמודאי (חטאבין?) — 35b מט. מקורזלות (מדורה?) — Das. בדירוקרוז (פקום תוגא?). — 36a נ. קלורין im cod. קנלורין (אשיאף). — 36b נא. כתבשיל im cod. ת׳ של הרדיים u. zu הרדיים (רוסאלק?). — Das. נג. מחט של שקיין, bei שקיין (מסלג?). ושל לול של תרנגולים zu לול (קפץ). — 44b עצה (נוג [oder פוג]). — 46a נז. לצבותיה (פירושו יעמלוה). — 57b פא. אגאני (פי׳ קערה ואית דקריין קציעי). — Das. נחתום (בבאז?). — Das. מים שלנו (פי׳ שלנו כל הלילה ועד חמש שעות). — 58b עט: וחתימא im cod. וח׳ באביה und zu כא׳ (פירוש פתחו). — Das. קורתייתא (פירוש חיטי מנית (?) הרי ארדט). — Das. קפילא (טבאך). — 59b פב: ומצבתא (פי׳ ?שאעאב). — Das. דקוניא (פי׳ ?גדאר). — 62a פט: תונבא (גחואן?). — 62b דשחיל (פי׳ ··· שאח). — 64a צב: כהיגי (חסך?). — Das. אפקותא (פי׳ עלה). — 65a צד. בבודיא (פי׳ ?קצעה). — 69a ק. בריה (קאלב?). — 70a קב: רדיא (פי׳ ?אלחרטם). — 73a קו. גוויתא (פי׳ חביה). — 73b קז: מולגין

α) Ich citire nach der Traub'schen Ausgabe (Warschau 1874). Die hebräischen Einzelbuchstaben bezeichnen die Blätter des Manuscripts u. z. nach der bekannten Bezeichnung seit R. Jesaja Berlin, ' für Seite a und : für Seite b. Das danebon stehende Wort ist das des Textes, das eingeklammerte das des Marginals. Die Fragezeichen sind dem letzteren selbst entnommen, wo sie über dem Worte stehen, von uns aber sind sie aus öconomischen Gründen daneben gesetzt.

β) Vgl. Frankel Monatschrift VII 226.

γ) Nach Randbemerkungen ed. Ven. = דדין.

(יסמטו?). — Das. אנטיכי (כעין מוטבק). — 74a :קח בקופץ (צאטור?). — 74b .קט אלואחא im cod. wie bei uns doppelt (קצבאן קצבאן). — Das. נרגא וחציני (קראמט).— Das. פצעילי (עראגין?). — 74b .קט הפלגם (כבש) (?) (וסט). — Das. עוצלה (צ״ל ערלה) (אדא אכלט כפואכי גיר [??]). — 81b :קי כלבתא (יקסן?). — 82a .קיז אוהרי (ויקם?).— Das. מהולתא (אותרי). — Das. איצצא im cod. אצאצי (אלואן?). — 82b :קיז כוותא (בהות? 'פי) — 83a .קיח תרגום (דשיש?). — 83b .קיט מטוננת (הנטה).— Das. הרביצא (בוץ).—85b .קכו קמי שפה (טוך? oder טוק?).— 89a .קכח נסרים (אלואח).— 89b :קכח אינדרוני (חדר). — 93a .קלד steht zweimal דוכסוסטום, hierzu ist einmal bemerkt (גיר מכשור עפציה), das andere Mal (קלף מכשור) vgl. .שנר׳ — 128a :קף סלסול (נצאפה געלו? להם?) — 177a :רח בי דואר (סלטאן). — Das. מגיסטא (בסאיכה).— 179b :ריא כנפיא (בגדבאל ?). — 182b :רטו ורכתא (מכרוגה).— Das. כופרא (בוסר).— 185b .רכ קרטליתא (ספט). — 195b .רלד אספסתא (עשב). — 205a .רמז אצטרוכל (אלמטחנה?) — Das. בור קלת (אלחגר גזולאגי). — Das. עוגין (מיאלי?). — Das. אנתיקי (הגארה). — Das. המים (פנטאם). — Das. דוגית (יקיר). — 206a .רמח אגרדמים (צאחב סוק?). — Das. רמח: והכרעה (רגחאן?). — Das. אכיר (רצאץ?). — Das. עבץ (קודיר?). — 206b :רמט צבורים (רטים?). — 207b :רן גריווי (מדה = מוד). — 210b .רנד כלפי לייא (מקלוב?).— 242b .שלה כרזא (אנבוכה). — 249a .שנו סיר (גיר [cf. .קלד]). — 252b :שא אוגן (מגמעא?).— 254a :שד הרדופני (דפלה). — 267a .שכד טפקא (תארפאי). — Das. ארד (פיקאע). — 268a :שכו שליא = סיליתא (סקט? 'פי). — Nach הלכות משמרות werden in fortlaufender Ordnung die Titel von 22 der zu חולין וקדשים gehörenden und vorher behandelten הלכות aufgezählt, zwischen כסוי הדם und הלכות בכורות fehlen הלכות עבודה זרה ויין נסך; dies scheint der Marginist bemerkt zu haben, indem er folgende lückenhaft erhaltene Bemerkungen folgen lässt: געל אלבאחב ע״ז ויי״נ בין הלכות כסוי הדם וה׳ בכורות ויגב א . . . תבון פי . . . נויקין. Diese Bemerkung scheint mit einer anderen, in Anmerkung 8 erwähnten, identisch zu sein. S. .ק und S. .קכח finden sich am Rande die gleichlautenden Bemerkungen 'אלי הונ׳ אל ג, ohne dass von Varianten der Amoräer die Rede ist.

[4]) Eine überschriftliche Zählung der Capp. 'פרק ראשון, שני וכו, wie in der Druckausgabe in ברכות, שבת findet sich im Mscr. nirgends, wie ja überhaupt die ראשונים diese Bezeichnung der Capp. durch Ordinalzahlen nicht kennen, diese vielmehr nur durch die Anfangsworte derselben bezeichnen. Im vorliegendem Manuscript sind die einzelnen Capp. nicht einmal durch einen Zwischenraum von einander getrennt, auch das Wort פרק ist nicht gesetzt. Wichtiger als das Fehlen der äusseren, erst von der neueren Methodik eingeführten' Gliederung ist, dass im Manuscript **nie** das in unserer Ausgabe vor den Entscheidungen für die Praxis so häufig vorkommende Wort „פסק" vorkommt, welchen Ausdruck Rappaport (כ״ח VI. 236) als criterium dafür ansehen wollte, dass die betreffende Stelle aus den הלכות פסוקות des R. Jehudaï Gaon im Gegensatze zu den הלכות גדולות des R. Simon Kairo entnommen sei. Rapp. wollte zwar (das. 238) beide Bestandtheile auch durch das Sprachidiom der beiden Theile unterscheiden — erstere seien in chaldäischer und letztere in hebraisirender Sprache geschrieben; — auch diese Hypothese jedoch ist nicht stichhaltig (vgl. Frankels Monatsschr. a. a. O. 224 Anmerkung 5. Hierzu kommen bei Vergleichung des Idioms des Mscr. mit dem unserer Ausgg. noch eine ganze Reihe von Beweisen. Beispielsweise sind die Stellen 4b Zeile 9, 15b Z. 22, 27a Z. 1 im Mscr. (.לא, כז, יד) in chaldäischer Sprache gegeben).

[4a]) So auch in הלכות ראו, wo גיטים steht.

5) Im Index zum Mscr. konnten daher nur die wenigen Stellen angemerkt werden, welche in anderen Halachot vorkommen.

5a) Das Mscr. setzt überhaupt den Ausdruck סליק häufig. So wird auch correspondirend 115a, Z. 7 v. u. bei sonstiger vollständiger Uebereinstimmung des Wortlautes (קכב:) zwischen טענת בתולים und ספק ויבם das Wort: סליק gesetzt, weil die תוספתא zu Ende ist, und ein neues Thema beginnt.

6) Die in unseren Ausgaben wie im Mscr. übereinstimmende Einschiebung dieser הלכה zwischen Abschnitt VII und VIII des Tractates בבא בתרא, mit welchem sie gar nichts zu thun hat, — nur eine nicht einmal recht im Zusammenhange stehende Stelle des Tractates kommt darin vor, — ist sehr auffallend.

7) D. h. der drei כבות wie Tractat ע"ז 7a und Raschi zu ברכות 20a (verschieden von dessen Erklärungen in den Parallelstellen).

8) Nach הלכות מלקות befinden sich die Worte: ה' ע"ז ווי"נ בענן הבא ואינון כתיבין בסדר קדשים בין ה' כיסוי הדם בין ה' בכורות.

9) Als selbständige הלכה, während sie in uns. Ausgg. הלכות טרפות angehängt ist.

10) Vgl. Anm. 3 und 8.

11) Die in unserer Ausgabe nur in den Text eingefügten Ueberschriften הלכות בכור כהמה und הלכות בכור בהמה טמאה bilden hier Separat-הלכות.

12) Bestehend aus a) dem entsprechenden Text in der Druckausgabe bis מני בימנא ושפיר דמי; b) Anlehnung an Seder Olam Cap. 5 (was in der Druckausgabe gar nicht vorkommt) בט"ו בניסן יצאו ישראל ממצרים, jedoch mit sehr vielen Zusätzen; c) Mischna Schekalim VI 1, 2 nebst diversen »Erklärungen« und einem Zusatze, beides aus Jeruschalmi z. St entnommen; d) Mischna Bikkurim I, 4; e) Semachot Cap. 13. (c, findet sich bei uns gegen Ende von הלכות הספר; d, hier; e, sowohl hier, wie in הלכות הספר am Schlusse).

13) Diese in unseren Ausgg. nicht vertretene הלכה setzt sich aus folgenden Theilen zusammen: 1) Mischna Kelim I, 6—9, in unserer Ausgabe in הלכות סופרים (282b). 2) Middoth III, 1—4, in unserer Ausgabe 248b fg. 3) Sebachim 54a, b תני לוי' . . . . ומחקלם' (das.).

14) Bestehend aus: 1) וזקני ב"ש וזקני ב"ה . . . . . הא כשאר יומי, in unserer Ausgabe in הלכות סופרים (282b fg.); 2) תנו רבנן מנצפ"ך צופים אמרו וחמש אותיות הן הן כפולות, diese Stelle findet sich in הלכות הספר (287a); 3) eine Variation nach Midrasch Tanchumah קרח und Rabbah daselbst Cap. 18 beginnend mit den Worten ששים המה מלכים כ"ד ספרים, vgl. auch Chagiga 14.

15) Dieser nur im Manuscript befindliche Abschnitt entlehnt zunächst Megilla 31ff geordnet nach Festtagen, und mit פסח beginnend, fügt aber nach gaonäischer Fixirung alles die קריאת התורה, wie הפטורה Betreffende hinzu. Bemerkenswerth ist besonders der als selbstverständlich vorausgesetzte Minhag am ארבע פרשיות, שבת ר"ח, יום טוב, שבת ר"ח, חנוכה 2 (—3) ספרי תורה »herauszunehmen« worüber, ר"ן, רא"ש und מרדכי Ende Megilla zu vergleichen. Der liturgische Text für קריאת התורה am 1. פסח: (בפרשתא דהשכם בבוקר (?) מן והיה היום הזה לזכרון עד מארץ מצרים) ist offenbar falsch angegeben, da schon in der גמרא das. משכו וקחו וכו' nominirt. Nur gegen Ende finden sich einige דיני קריאת התורה, die in den bisherigen Ausgg. anderswo vorkommen, 1) Megilla 32a (21a 22a, b ת"ר פותח ורואה . . . אין קורין) in הלכות צרכי צבור 91a fg.; 2) Rosch Haschanah 31a הזויל"ך אמר ר' חנן . . . . כך חולקים בבית הכנסת, diese Stelle kommt in den Druckausgaben nicht vor, der Schluss „סדרו חכמים "נרי ישראל verräth auch die Interpolation.

16) Befindet sich in unserer Ausgabe in הלכות חלה (31a fg.).

17) Hier unter gemeinsamer Ueberschrift, in unseren Ausgaben gesondert.

[18]) Dieser Abschnitt ist aus folgenden Theilen zusammengesetzt: 1) Sukkah 55 b und Rosch Haschanah 10a ביום טוב הראשון של חג . . . . והוא מקריב נדרים ונדבות, in unserer Ausgabe im letzten Theile הלכות סופרים (283 a fg.); Seder Olam Capp. XX, XXI אלו נביאים שנתנבאו לעולם קודם מתן תורה . . . ואעש למען שמי, in den Druckausgaben in הלכות הספר (285 b fg.); 3) weitere Ausführung des Ende ספר בית חשמונאי Angeführten; vgl. daselbst und Anmerkung 13. 3. In den Druckausgaben entspricht der Stelle הלכות הספר 286 b fg.; doch sind im Manuscript sehr viele Interpolationen, vergl. auch Einleitung und weitere Anführung daselbst in der Handschrift; 4) Wiederholung der schon in der Einleitung ausgeführten Detaillirung solcher Sünden, die mit den verschiedenen Todesstrafen belegt, nebst summarischer Angabe der übrigen Verbote; dieser Stelle correspondirt in der Druckausgabe הלכות הספר 237 a; 5) Variation des Themas: מזוקק שבעתים (Ps. XII, 7) mit Zugrundelegung des Schlusspiut zu מוסף של שבועות [פירוש עונשין . . . . מזוקקות שבעתים] in verschiedenen Erklärungen des שבעתים; 6) Baba Batra 8 b, 9 a [ת״ר קופה של צדקה נגבית בשנים . . . . לאו כל כמיניהו דמחים] wie bei uns 287 a fg.; 7) [nur in כ״י] Midr. Jalkut פרשת ויצא No. 129 Ende (vgl. auch Rabba נשא: ביום השני mehr oder weniger frei parafrasirend; 8) Varianten des Midrasch Rabba Wajikra Cap. XXV (ר׳ הונא אמר אם נכשל אדם בעבירה); 9) (gleichfalls nur im כ״י) Baba Batra 10 a גדולה הצדקה שמקרבת את הגאולה; 10) (auch nur im כ״י) Umschreibung des Ausspruches Kidduschin 82 a ר׳ נהוראי אומר מניח אני וכו׳; 11) (nur im כ״י) עיין 20 b u. Parallelstellen מכאן אמר ר׳ פנחס בן יאיר וכו׳. In der bekanntlich in den Quellen selbst, wie in den Citaten bei den ראשונים, ausserordentlich variirenden Reihenfolge der einzelnen Stufen stimmt das Mscr. im Ganzen mit der Lesart des Alfasi, der des Jeruschalmi und der im עין יעקב, an zwei Stellen jedoch mit keiner einzigen; 12) nochmals über צדקה, und zwar Paraphrase des והלך לפניך צדקך (Jes. 11, 8), vielleicht auch anklingend an Baba Bathra 11 a מעשה במונבז המלך וכו׳; 13) (nur in כ״י) Joma 39 a ת״ר והתקדשתם וכו׳ אדם מקדש עצמו וכו׳ nach Lesart des Mscr. ist der Ausspruch von ר׳ יוחנן בן בג בג; 14) Berachot 53 b [אריא״ר] ואמרי לה כמתניתא [תנא] והתקדשתם זה מים ראשונים וכו׳ bereits in ברכות Ende (לו׳) כיצד מברכין citirt wie auch in der Druckausgabe 18 a, an beiden Stellen vollständig, hier fehlen die eingeklammerten Wörter durch Copistenfehler; 15) (nur im כתב יד) Berach. 55 a ר׳ יוחנן ור׳ אלעור וכו׳ (im Mscr. irrthümlich ר׳ ישמעאל) u. s. w.; 16) (nur im כ״י) Pesach. 119 a א״ר כהנא משום רבי ישמעאל ב״ר יוסי מאי דכתיב למנצח . . . . א״ר כהנא משום רבי ישמעאל ב״ר יוסי ורבנן אמרי וכו׳ מאי דכתיב וודי אדם וכו׳; 17) (nur im כ״י) Mischna עוקצין III, 12 א״ר שמעון בן חלפתא אין לך כלי שמחזיק ברכה.

[19]) In deren Ritus wird פטום הקטורת vor ברוך שאמר und ausser Verbindung mit 2 und 3 gesagt.

[20]) Das Mscr. liest רשב״ג beim שרף, wie unsere LA. im סדור, nicht ר״ש, wie wir (auch באר שבע) in der גמרא lesen. Nach שרף fehlt im Mscr. מפני הנוטף. הכבוד findet sich nur in der LA. unserer Liturgie, nicht aber in כריתות und im פירוש רבינו גרשום daselbst, wie es auch Verf. des באר שבע offenbar nicht gelesen hat; am Ende des Thl. 2 liest das Mscr. wie in unserer משנה: לחיו vgl. תוי״ט und Bär's Bemerkungen im סדור. Theil 3 schliesst mit dem Verse וראה בנים לבניך וכו׳ (Ps. 128, 6), desgl. cod. München Ende ברכות, vgl. דקדוקי סופרים das., unsere LA. dagegen in der גמרא und im Gebete ד׳ עוז לעמו יתן וכו׳ (Ps. 29. 11.)

[21]) Der Inhalt ist fast ganz mit dem vorliegenden identisch, nur ist gegen Ende die Ausführung des מפני הרמאים vergessen, und dies fälschlich durch „כדהנן" angeschlossen, worauf Mischna Peah VIII, 9 folgt — die auch in unseren Ausgaben in הלכות הספר, 286 b vorkommt; — die aber gar nichts damit zu thun hat. Es schliesst endlich diese הלכה mit המסמא את עיניו וכו׳ (Ketbubot 68 a).

[22]) Hier ist mehr entlehnt: a) Mischna Kilaïm VIII, 3; b) Baba Mezia 90b בעא מיניה ר יונתן מר׳ סימאי . . . . הכ״נ בשעת דישה לא תהא חסימה *a*) Die 1. Hälfte in הלכות חלה fehlt im Mscr., die 2. wird gebildet 1) aus der früher vorgekommenen selbstständigen Abhandlung סדר רביעית של תירה. 2) aus der Stelle סוטה 23b כהנת מתחללת ואין כהן מתחלל וכו׳, welches im Mscr. Ende der Abth. בכור בהמה טמאה (שמה׳) steht.

[23]) Gegen Ende dieser הלכה sind zwei bemerkenswerthe Varianten von der bisherigen Recension, eine negative und eine positive. Erstere besteht darin, dass die in der Druckrecension befindliche Stelle, wonach das ausgelöste כרם· resp. נטע רבעי erst im 5. Jahre gegessen werden darf, welches Ascheri (הלכות קטנות) in »einigen Recensionen« fand und angriff, und welche Maimonides הלכות מאכלות אסורות X. 18. für einen Irrthum »einiger Gaonen« erklärte, sich nicht im Manuscr. findet, dagegen der in den Scheeltot (פרשת קדושים) Scheela 100, alin. 3 (desgl. ראב״ד in תמים דעים 132 Namens ר״י גאון) angegebene Modus dieser Auslösung sich nur hier, nicht aber in unseren Ausgaben findet. — Nach einem im Werke [.זכר נתן [דף קל be-findlichen Citate aus ספר העתים des הנשיא ר׳ יהודה בר ברזילי הברצלוני befand sich auch מסכת כלה im בה״ג, die aber weder in unserer Ausgabe noch im Mscr. steht. Die dort citirte Stelle [ששים המה מלכות אלו ששים מסכתות] steht in unserm Codex (aber nur hier, nicht in unserer Recension), Ende ספר בית השמונאי, wonach S. Halberstam פירוש ספר יצירה S. XII zu modificiren.

[24]) Entnommen dem Machsor Vitri. Durch die neue Wilnaer Talmudedition, in welcher Machsor Vitri mit einer schönen Erklärung edirt ist, ist es möglich, die Varianten unseres Mscr., deren es allerdings eine stattliche Anzahl enthält, zu constatiren.

[25]) Auf der vorletzten steht am Schlusse . . . וה השיור שנשתייר מן . .

Capitel II.

[26]) Vgl. יד מלאכי כללי הגאונים, der zwei Schriften desselben Titels annimmt, wozu noch בה״ג של אספמיא, (חיבפות zu Pesachim 30a Anfw. אמר), wie auch Tosefoth ראש השנה 10a Anfw. ופירות*β*), (welche mitunter von בה״ג selbst variirt (תוספ׳ Jebamoth 48a Anfw. לא) „הלכות ראשונות" des ר״ש (Cairo) (Milchamoth שבת Cap. XVI Anf. und XVII Anf.,) הלכות פסוקית (תוספות Beza 14a u. a. Stell. bei יד מלאכי a. a. O.) auch ה׳ ראי (vgl. Halberstam Einleitung in Schlossbergs Editio Versailles 1886), הלכות קציבות (s. das.). — .קא des Manuscr. wird Rabbi Juda Gaon als „בעל הלכות הקטן" (??) bezeichnet.

[27]) 26b אמר רב יהודה אמר שמואל מתפלל אדם של שבת בערב שבת ואומר קדושה על הכוס ist in unserer Recension הלכות קידוש eingeordnet, im Mscr. jedoch (:טו) in פרק תפלה השחר wie in der גמרא. — 27b אמר רבא יום טוב שחל להיות בשבת וכו׳ störend zwischen והיכא דמיקלי י״ט וכו׳ und תנו רבנן יום טוב שחל להיות בשבת בית שמאי אומרים וכו׳ eingeschoben, da letzteres Quelle des ersteren, im Mscr. jedoch (.כז) fehlt אמר רבא וכו׳ und letztere Stelle ist durch דתנו רבנן יום טוב וכו׳ angeschlossen. — 31b כהן מתחלל וכו׳ (Sota 23a) in unserer Aus-

---

a) בב״הג הגירסא „והתנן [תענית פרק ב׳ משנה ז׳] אנשי משמר מותרין לשתות יין בלילות אנשי בית אב לא בימים ולא בלילות אלא מאי אית לך למימר כל זמן ביאה לעבודה תנא נמי כל זמן דישה" ולפי זה התקושיא מכח הכרה דהמשנה אין אנו צריכין לפירוש רש״י דיבור המתחיל ולהבדיל וכו׳ יעו״ש.

β) Diese in unseren Ausgaben, aber nicht im Mscr. befindliche Stelle wird vom dem תוספות בה״ג של אספמיא vindicirt, während sie nach רא״ש Ende הלכות ערלה sich in »einigen Mscr. des בה״ג« befindet (יש ה״ג שכתוב בהן).

gabe Ende הלכות חלה im Mscr. Ende הלכות בכורות (שמ.). — 114b שני אחים חרשים נשואים שתי אחיות פקחות וכו' (Jebamoth 112b), in unserer Ausgabe Ende עריות, im Mscr. (קכב), richtiger in הלכות יבום והליצה. — 209a נדרוהו בחלום (Nedarim 8a), in unserer Ausgabe wohl sachlicher in הלכות נדרי, im Mscr. (מ.) bei Abhandlung vom Traume פרק הרואה. — 216a הלומדים לפני חכמים (Sanhedrin 17b), in unserer Ausgabe in הלכות נחלות (!) im Mscr. (רעד) richtiger in הלכות דיינים. — 236a, b 1) ר' שומרים הן וכו', 2) שבועת העדות נוהג וכו', 3) שבועת הפקדון נוהג וכו' im Mscr. (רצא ff) entsprechend der Anordnung in der Mischna (Capp. IV, V, VIII) 2, 3, 1. — 239a הלכות רשב"א אומר משום רבי מאיר . . . חצי תשרי וכו' (Baba Mezia 106b) Ende שבועה, im Mscr. (שמ) Ende הלכות יין נסך.— Daselbst עשר תקנות (Baba Kama 81a) im Mscr. daselbst. — 282a fg. וקני בית שמאי ובית הלל כתבו וכו' (Sabbat 13b Rosch Haschana 18b in הלכות סופרים, im Mscr. (שנ.) als selbstständiger Abschnitt (כפר בית חשמונאי). — Daselbst עשר קרושות הן (Kelim I, 6ff) im Mscr. (שנה:) selbstst. als הלכות קדשים. — 287a מנצפ"ך צופים אמרו (Megilla 2b), in unserer Ausgabe Ende הלכות הספר, im Mscr. (שנו) sich an ספר בית חשמונאי anschliessend. —

[28]) 2b stehen דיני קרי' שמע u. 11b דיני תפלה, im כ"י aber sind letztere oben unter erstere gemischt. — 3b מתי אין משמרו לא וכו' (Berachot 18a) wird die סוגיא in kurzer Zusammenstellung erschöpfend gegeben, im Mscr. hingegen steht hier (יד.) nur die ברייתא, der Schluss aber in ה' אבל (קכד), wo übrigens im Mscr. eine (später wieder hergestellte) Lücke ist.— 4a בעל קרי וכו' א"ר ינאי וכו' והשתא נהוג עלמא וכו' (Ber. 20b folg.) streng geordnet; im Mscr. (טו:) steht der Ausspruch des ר' ינאי ohne Anschluss an das ganz andersartige Präcedenz und erst hinterher wird angefügt ועזרא תיקן טבילה לבעלי קריין, worauf sich ר' ינאי bezieht. — 11a אמר רבא בר חיננא . . . . בשהוא כורע (Berachot 12a) richtig in הלכות תפלה und entsprechend der גמרא im Mscr. (יב:), hingegen mitten in דיני קריאת שמע. — 11b תנו רבנן חסידים הראשונים וכו' genau nach Berachot 32b entlehnt und geordnet, im Mscr. (כח) אמר ר' יוסף לא שנו וכו', dann dazwischen nach Berachot 31a אין אומר דברים אחר אמה ויציב, dann die beiden Aussprüche des ר' יהושע בן לוי (32b), dann endlich (das.) מותבי המתפלל וראה אנס וכו'. — 28a והיכי דלא שביחא חמרא וכו' steht an ganz richtiger Stelle in הלכות קידוש, im Manuscript dagegen (פא') mitten in דיני לישת המצות(!); ausserdem steht im Mscr. dort a) שואלין בהלכות פסח ל' יום b) איסור אבילת מצה בערב פסח. Allerdings stehen diese דינים auch in unserer Ausgabe (57a) ungehörig vor דיני לישת המצות im Mscr. sogar zwischen denselben. — 32b ist die Einleitung zu ה' שבת ganz geordnet, im codex jedoch (מב: מג:) erst תנו רבנן לדעת . . . לעולם, wie in den Druckausgaben, dann die Mischna אבות מלאכות ארבעים חסר אחת, dann Mischna יציאות השבת וכו', dann אמר רבא ידו של אדם וכו', dann (als ob nicht hier immer von הוצאה die Rede gewesen wäre) ואסור לעיולי ולאפוקי. — 52a והיכא דאיתרמי דאתא גייסא וכו' behandelt die Materie ununterbrochen, im Mscr. hingegen (ע:) ist zwischen die betreffende Mischna ראש השנה 23b und die dazu gehörige Materie der גייסא eine grössere Abhandlung über (Erubin 82b) אין מערבין אלא לדבר מצוה geschoben. — Inmitten הלכות לולב (66b) befindet sich eine längere תשובת ר' פלטוי über קיטום עצי בשמים ביום טוב (Beza 22b) und über עישון ביום טוב גאון (daselbst 33b) [!!] — 95a wird das Resultat der סוגיא סדין בציצית (Menachot 40a) in logischer und redactioneller Ordnung entlehnt, im Mscr. hingegen (קלו:) wird erst die ברייתא תנו רבנן . . . . כסות לילה angeführt, unmittelbar darauf nochmals nach den einleitenden Worten ודביתני פליגי בית שמאי ובית הלל דתנו רבנן סדין וכו', dann folgt ganz unverständlich בריך שמיה דקודשא בריך הוא sowie או דילמא לא גזרינן (vgl. Bemerkungen דקדוקי סופרים zur St.), dann מאי הלכתא und zum dritten Male הא שמע סדין בציצית וכו'. — 130b סידורא דחליצה und 131a גט חליצה jedes ganz correct, dagegen im Mscr. (קפד:) erst [צ ל גט חליצה] סידורא דחליצה bis ברת משה וישראל,

dann dazwischen die ganze סידורא דחליצה und dann erst die zu גט חליצה gehörigen Worte וחוהמין הלהא וכו׳. -- 158b wird die Mischna (Gittin 66a) אמר לשנים תנו גט לאשתי ganz entlehnt, im Mscr. hingegen (קצה׳) wird ein „פירוש“ angekündigt, es folgt aber — die Mischna (das. 62b), welche vom שליח לקבלה spricht, darauf der Grundsatz, der übrigens früher schon mehrmals erwähnt war, dass die Gültigkeit des גט beim שליח להולכה erst mit ihrem Empfange, beim שליח לקבלה aber, sobald der שליח ihn bekommen, statt hat, dann wird, wie auch schon früher wiederholt, der Unterschied zwischen חוץ לארץ und ארץ ישראל angefügt, der wiederum für שליח להולכה gilt, aber auch mit der Mischna Nichts zu thun hat, dann wird der Fall behandelt, wenn die Frau einen שליח ernennt, den גט vom שליח להולכה in Empfang zu nehmen (das. 63b), der übrigens auch schon früher behandelt, und mit entgegengesetzter Resolution schloss, und nach allen diesen Episoden wird der Schluss der erstangeführten Mischna ergänzt וזו הלכה העלה הנינא איש אונו וכו׳. — 160a bei Gelegenheit der איבעיא אביי לרב יוסף מבטלינן קלא או לא (Gitt. 89a), welcher Passus in unseren Ausgaben ebenfalls in logischer Aufeinanderfolge behandelt wird, im Mscr. hingegen (ק:) ist inmitten der Discussion, ja zwischen אמר אביי אדרבא und מדאמר רב ששת die Mischna גט מעושה (Gitt. 88b) geworfen, 3—4 sehr ausführliche Erklärungen des Gegensatzes zwischen בדין und שלא בדין gegeben, und nachher folgen die Worte מדאמר רב ששת mit dem Schlusse der Beweisführung. — 185a אמר רב הונא אין מורידין קטן וכו (Baba Mezia 39a bis zur Mischna 40a), im Mscr. (ריט׳) eine ganz buntscheckige Zusammenstellung a) אמר רב הונא . . . לא מחתינן, b) מרי בר איסק . . . השביחו לאמצע, c) והני מילי בקטן . . . בעריים, d) (aus Baba Mez. 101a) איתמר היורד לתוך שדה חבירו ונטעה שלא ברשות . . . כאן בשדה שאין עשוי ליטע, e) (aus Jebamot 36a) אמר רבא הלכתא כוותיה דריש לקיש . . . . . מתנה באמצע, f) (Baba Mezia 39b) האי סבתא . . . . מוקמינן נמי אפיטרופא לאידך דנקא, g) (das. 40a) המעביר חבית ממקום למקום . . . . . 193b — אמר ליה אביי וכו׳. genau entsprechend Baba Mezia 82b bis Ende des פרק, im Mscr. (רל: רלא.) a) die Mischna, b) ברייתא דאיסי בן יהודה, c) dazwischen (ohne jede Beziehung) אשכחה רבה בר אבוה . . . גמר מיכה מיכה מערבין (Baba Mezia 114a) *a*). — 218a f. תנו רבנן שכיב מרע שאמר וכו (Baba Batra 138a), mit der Reihenfolge in der ברייתא nach unserer Recension (1. בכור, 2. אשה, 3. בעל חוב) stimmt unsere Lesart wie die im רמב״ם, רי״ף, רא״ש, im Mscr. (רמג:) ist die Anordnung 1. 3. 2.; dagegen stimmt im Mscr. die Anordnung der Collectaneen Baba Batra 167a, welche nach unseren Talmudausgaben geordnet sind 1) שית מאה וזוזא . . . 2) אמר אביי לא לכתוב . . . 3) ההוא בובינא 4) אמר אביי מתלת ועד עשר . . . 5) ההיא . . . תלתא בפרדיסא . . . 6) ההוא דהוה כתיב ביה מנת וכו׳ 7) ההוא שטרא, im רי״ף aber 1. 4. 5. 6. 2. 3. 7. (dgl. רא״ש, bei dem aber האי בובינא וכו׳ gar nicht erwähnt wird) mit demselben, während die Anordnung in unseren Ausgaben des בה״ג . . . . 7. 2. 3. ist. — 226a ריב״ק אומר מצוה לבצוע וכו (Sanhedrin 6b) worauf דיני פשרה ununterbrochen zusammengestellt werden, im כ״י hingegen stehen dieselben theils רעג:, theils רעד:, dazwischen הלכות שבעה דברים הסר מקדש שני דיינים und mehrere andere allotria, wie (Joma 21b) ההוא דאתא לקמיה דר׳ (Sanhedrin 17b) הלומרים לפני חכמים וכו׳. — 281b 1) אמי וכו׳ (Gittin 54b) 2) (רצו:), im Mscr. הניא אמר ר׳ מאיר וכו׳ (Sota 20a) (רצו:) Hierzu kommen noch eine Anzahl Stellen ohne Analogie in unserer Ausgabe. Beispiele sind צו׳ nach den Worten והייב לברך (cf. 68a) folgt (פירו׳ צ׳ ל) פסק ושדר מר רב כהן צדק אסור למיחלב עיזא . . . ומותר בבך, welcher דין nicht die entfernteste Beziehung zum Vorigen oder auch zur ganzen הלכה hat, vgl. רא״ש zu Sabbat 128b,

a) Auch in unseren Ausgaben ist allerdings diese Agada (195a) gleichfalls zusammenhangslos zwischen eine andere סוגיא geworfen.

zu Baba Mez. II, 29, Sch.-Aruch Or.-Chajim Cap. 305 Ende; es wäre merkwürdig, dass die ראשונים diese gaonäische Quelle für diesen nur auf מהר״ם zurückgeführten דין nicht gekannt hätten, (vgl. Cap. V.)—קג: ist bei Gelegenheit des ביטול ביצת אפרוח בס״א interpolirt 1) Quelle des ביטיל durch זרוע בשלה 2) dass נבלה שנסרחה מותרת. — קמט׳ הל׳ wird inmitten הלכות עריות bei Gelegenheit der Angabe von שפחה חרופה ganz עברים eingeschoben und darauf (קן:) durch die einleitenden Worte „מאן דמפיש מעריות" wieder eingelenkt. — קיז: ist ein bereits oben Anfang קיז׳ an richtiger Stelle eingefügter Passus (Jebamot 59b כי היכי דאשתו ישריא אשת ניסן וכו׳) nochmals interpolirt. — (רפב:) שבועת הדיינין . . . שלשה חרובים שלנו ist hier fälschlich in שבועת הפקדון eingeschoben und hat erst רפד: seine richtige Stelle u. s. w.

[29]) Soweit ich bis jetzt feststellen konnte — das Genauere muss der Edition reservirt bleiben, — sind ca. 100 zweimalige und 8 dreimalige Wiederholungen beiden gemeinschaftlich, drei Stellen sind in unserer Ausgabe doppelt und im cod. dreimal vertreten, zwei Stellen dort 2 mal und hier 4, eine dort zwei hier fünf. eine dort drei, hier 4 mal und 5 endlich, die in unserer Ausgabe drei, im cod. aber nur zweimal wiederholt sind; 75 Wiederholungen und 2 Stellen von 2 Wiederholungen kommen nur im cod. vor, 51 nur in unserer Ausgabe (von denen viele auf die im cod. ganz fehlenden הלכות, nämlich כתובות, den grössten Theil קדושין, נדרים, נזיר einen grossen Theil von הלכות הספד fallen), endlich sind unter den nur im cod. befindlichen Stellen zwei Wiederholungen. Welche Stellen unserer Ausgabe im cod. gar nicht vertreten sind, lässt sich bei ebenerwähnter Lücke nicht feststellen, umgekehrt aber finden sich ausser den Citaten in der weit reichhaltigeren Einleitung der beiden grösseren Partien der פיוט השיר שהיו אומרים בבית המקדש mit הקטורת, דרך ארץ רבא ווטא noch 35 neu eingefügte grössere Partien oder einzelne Stellen.

[30]) Bei Hinzunahme unserer Talmudausgaben sind hier folgende Fälle zu unterscheiden a) wo diese mnemonischen Zusammenstellungen in allen drei Recensionen stehen, b) nur in den Recensionen des בה״ג, nicht aber in unserer Talmudausgabe, c) nur in einer der beiden Recensionen des בה״ג, aber weder in der anderen, noch unserer Talmudausgabe, d) nur in unserer Talmudausgabe und einer der Recensionen des בה״ג. — Zu ersteren gehört z. B. רקב״ש (Sukka 8b), entlehnt 64a (צב׳). גנב״ך hingegen findet sich in unseren Talmudausgaben und dem codex des בה ג. An einer Stelle sind sie verschieden geordnet, nämlich Megilla 25b, bei uns בל״ת עק״ן נשפ״ה, in unserer Ausgabe בל״ד עק״ז נשפ״ך, im Mscr. בל״ת עק״ו נשפ״ה. Zur zweiten Abtheilung gehören 118b (קסו׳), desgl. 115a (קסב׳), 161b (קצט׳), 173a (רב:), 214b [קנט:] desgl. 272b (mit kleiner Variation); dazu kommen aber eine ganze Reihe derer, welche nur im codex vertreten. So (קח׳) קל״ב, worauf סחופי כסא וכו׳ [Beza 23a] folgt. Der סימן giebt hier übrigens gar keinen Sinn, gehört hinter רבה ורב יוסף דאמרי תרוייהו, und ist Abbreviatur der Worte קשין לא כרכין. קלב׳ befindet sich [zu Megilla 26a] ein sechswörtriger סימן; רסו׳ ein סימן, der jedoch nur einen Ausspruch des רבא Baba Bathra 150b [אמר רבא אמר רב נחמן חמשה עד שיכתבו כל נכסיהם ואלו הן שכיב מרע וכו׳] entlehnt. רכג׳ der סימן: הדקג״ש zur Mischna Baba Mezia 55a, der sich weder dort noch 187b befindet, desgl. קס״ן zu ר׳ יעקב ור׳ זריקי [Erub. 46b] weder dort noch in unserem בה״ג [216a]. רמ׳ ein aus 18 Wörtern bestehender סימן zu einer entsprechenden Anzahl von Stellen Baba Batra 29b, aber weder dort noch in unserer Ausgabe des ה״ג [200a], desgl. רם: [acht Wörter] zu das. 31a resp. 200b, ebenso רמא: [fünf Wörter] zu das. 33a und 201b. — רמה: hingegen ist das Wort סימן ein Schreibfehler, das fünfwörtige סי׳ zu nur einer Stelle ist nämlich der Wortlaut einer משנה das. 56b angeführt 203b Ende. ריג׳ steht ein aus 14 Wörtern bestehender סימן, der ebenfalls weder im Talmud [בבא בתרא 151a] noch in unserer Ausgabe [223b] steht. Besonders merkwürdig ist ein סימן vor רפו׳, zu שבועות 41b gehörig, dem ein anderer, welcher

sich auch in unseren Ausgaben des Talmuds, nicht aber denen des בח״ג [232b] befindet, folgt. So unmittelbar verständlich der erste סימן, so dunkel und schwierig ist der zweite, das Eingehen darauf würde hier zu weit führen. :שנה steht eine Abbreviatur [Anfangsbuchstaben] von Namen der sieben Prophetinnen, welche sich weder in der Quelle [Seder Olam c. XXI] noch in unserer Ausgabe [285b] befindet, ebenso [das.] gleiche Abbreviatur für die 10 Männer von Moses bis Amoz. Der umgekehrte Fall, dass ein סימן sich nur in unserer Ausgabe des בח״ג, aber weder im Talmud, noch im codex findet, ist vielleicht nur 191a der Fall, jedenfalls äusserst selten. Von den Fällen letzterer Art, dass ein solcher סימן neben der Talmudausgabe noch in nur einer LA. vertreten, dürfte nur der vorkommen, dass dies in unserem Codex der Fall ist, hiervon habe ich mir zwei Stellen notirt: בבא בתרא 40a und רמג׳ [wo übrigens ממהו״ק irrthümlich steht, was entweder wie in unserer LA. ממה״ק heissen muss, oder ממהו״ק, indem das ו״ zum Worte הודאה gehört]. Ferner ausser der im ersten der beiden סימנים gemeinschaftlichen Stelle zu Schewuoth 41b noch zu Scheb. 30b, im cod. ריא׳.

[31]) Hierzu gehört der ebenfalls nur im cod. [:שנג] befindliche, nicht aber im Talmud [Tmura 16a] und in unserer Ausgabe des ה״ג, wohl aber in dem der neuesten Wilnaer Ausgabe beigedruckten Commentar des ר׳ גרשים מאיר הגילה, wo auch eine Erklärung des סימן gegeben wird.

[32]) Dieselben sind jedesmal, auch wenn zwei oder drei verschiedene Erklärungen unmittelbar aufeinander folgen, durch das Wort פירוש, nie aber bei mehreren aufeinanderfolgenden durch Hinzufügung des Wortes אחר ausgedrückt. Es sind deren nicht weniger als 37, und will ich dieselbe hier zusammenstellen. Die erste (:יט) (zu 5a Z. 20) ist die dunkelste. Sie lautet. פירוש לגבל עד כדי הילוך ארבעה מילין משעת גיבול לשעת אפייה נפקא מיניה דחייב עליה על איבליה.α) (das.) zu לנטילי ידים wird die Erklärung als ערוך (vgl. Tosaph. Pesachim 46a Chulin 122b) gegeben β) — :כב (10a Z. 13 v. u. ff) פירוש והאי שלד בריעה היא γ). — :מה (34b Z. 13) פי׳ דוור שיפט. — מה. (35a) ביספי דיספי׳ wie Aruch: כספן. — נד. (38b) zu כגון :מכבדית של מילת, und zu :סיאני (das.) נה. — מצעות של לבדין :דיסתורי ונדרוב, וגב שיע״ל ודוגמתו. — ס. (48a) zu קנין פירות :פירוש עיקר הקנין פירות מן קריאה בכורים ברטלא (?) ומי קירא בעל השדה קורא ולא בעל המשכון (?) [diese »Erklärung« trägt die Signatur einer sehr späten Glosse]. — :כב (40a) zu טלית כפילי :פירוש טליה קפולה ביצד הוא עושה כופל את הקרן של טליתו ועישה אותה באוהל. — סד. (41b) zu סיבי ויארי ומזורי die Erklärung des Aruch s. v. זויר. — :סה (40a) zu לפיפי ינוקא, verschieden von Aruch s. v. לף I und Raschi z. St.: תינוק שיצאו לו צלעותיו ממקומן אי שורו [צ״ל שוזי] מטלטלין אותן [צ״ל איהו] בסדין זה נוטל מכאן וזה נוטל מכאן והתינוק בתוך הסדין באמצע יכוברין אותו בכברה (??) ומהפכין אותו עד שיחזרו הצלעות למקומן δ). — :כנ (Ende הלכות שבת): פירוש כרמלית פנא מתל סקיפא אין [צ״ל אי].

α) ופירושו נראה כמדריש נעלם וכהדה בלא פתרון ואם לא נשתבש נ״ל מדוחק הענין שמפרש הזמן על משך זמן חיוב הגיבול דומיא דכדי עבודה בפסחים שם ומפרש שצריך לגבלה עד גמר האפיה והיינו שיעור עיבול (אוכלא כמו סוף פ״ק התמיד) ושיעור עיבול הוא ג׳ ב׳ ד׳ מיל לר״ש י׳ (סוף פרק ואלו דברים) לאכילה מרובה ולתוספת (שם) באכילה מועטת.

β) ומסיים וז״ל אבל יותר מארבעה מילין יתפלל לאלהי׳ . . . ול״ט אביי אמאן דמהדר אמיא בעידן צלויי עכ״ל. ונראה דמיושב בזה הקושיא שהקשו תוס׳ שם על פי הערוך מאביי אף אי לא גרסינן זה מ לק״ש (עיין בהערה מו״ל הערוך. דפוס פראג) והיינו דאביי ל״ט אמאן דמהדר ביותר מארבעה מיל [אבן מטעם זה עצמו דהיינו מגמת פניו שלא יקשה קושית תוס׳ נראה דהוספ׳ גליון הוא].

γ) עב״י בפי׳ פ״ט דכתב כן בשם ר״י וסיים דכן כתב גאון בתשובה. — ובב״י נשמט׳ מסקנ׳ דגמרא דדוקא במקרים לפתחו אסור.

δ) וכפירושו נראה מתירוץ הש״ס שם: הומרי שדרה שאני עי׳ פירש״י.

רובאן ללחאנות ויחל לך תטלטל פיה. והיא רשות היחיד אראלם [צ״ל אדא לם] יכון פיהא
טפחים פי ארבעה טפחים. Soweit sich diese offenbar theils fehler- theils lücken-
haften (arab.) Worte entziffern lassen, sagen sie: כרמלית bedeutet den freien Platz
eines Ortes (סקיפא = Dach?) ein hochgelegener Verkaufsplatz; in diesem darf man
tragen, wenn nicht (??) טפחים drinnen sind. — עא (52a) zu כל היוצאין להציל חוזרין
למקומן: פירוש ואם היה בתוך התחום אם יצא מן העיר ומסגי שלשת אלפים אמות
או יותר אפילו ארבעת אלפים אמות חסר אמה אחת ולא השלים ארבעה אלפים
אמות ואמרו לו כבר נעשה מעשה יש לו רשות לחזור לעירו מפני שאותן האמות
שהוסיף מובלעים הם אבל אם הלך יותר מארבעת אלפים אמות אפילו אמה אחת
ואמרו לו כבר נעשה מעשה לא יזוז ממקומו α). — עב. [53b] zu Ende כיצד משתתפין:
פירוש הלכה כת״ק בעירב ברגליו ואין הלכה כמותו בנאבל. עירובו והלכה כשני זקנים
אחרונים רשב״ג ור׳ ישמעאל בנו של ר׳ יוחנן בן ברוקא בנאבל עירובו ביום ראשון ואין
הלכה כמותן בעירב ברגליו כיום ראשון β). — עו. [55b]: פירוש רש״הר דוכתא דדרשין בה
שית מאה אלפי גברא בכל יומא כדגלי מדבר γ). — Zur משנה Erubin 1, 1 [daselbst]
מבוי . . . ימעט פירוש ימעט ילמד מפתח של היכל שהיה גבהו עשר אמות וכו׳ —
קג: (70b Z. 5. v. u.) zu מיכלא בשני אסור: פי׳ משום הכנה. — קח: (74a) (עי׳ פירש״י)
סחופי כסא אשירא im Cod. ist die LA. אשיתא und wird erklärt mit גזייא d. h.
Wollgewebe. — קטז. (81b Z. 14 v. u.) wird das höchst verständliche מפני בטול פריה
ורביה durch eine sehr breite vierzeilige Glosse „erläutert“. — קיט: (84a Z. 18) zugefügt
פי׳ מר רב כהן צדק גאון אינו קורע לאחר ל׳ אלא על אביו ועל אמו בלבד וקורע
לאחרים ועל אביו ועל אמו קורע אפי׳ בשבת ויום טוב כדתנן כל המקלקלין פטורין
והא דאמרינן קורע בשבת ויום טוב הני מילי דיעבד אבל לכתחילה לא. δ) —
קכב. (85b Z. 13 f.) Im Cod. wird in zwei inhaltlich identischen „Erklärungen“ das:
ודוקא אביו של חתן וכו׳ (aber nicht umgekehrt.) und dann wieder, dass der דין bei den
5 übrigen Verwandten nicht wie der, bei seinem Vater und ihrer Mutter sei, sehr ausführlich
nach dem in der סוגיא angegebenen Grunde motivirt. Wir haben hier sicher wieder
die Hand eines Glossators vor uns. — קכב: (das. Z. 25 f.) wird die „Erklärung“ der
Ww. אריסותא und פורענותא (vgl. Raschi u. alle übrigen Commentt. und Glossatoren)
hinzugefügt, das hat auch schwerlich schon der בה״ג für nöthig gefunden. — Das.
(86a Z. 3) wird zu den Ww. חכם שמת בית מדרש בטל hinzugefügt: פירו׳ בטל
מלפסק סדרא(?). — קכג. (86a Z. 10 u. a.) ist zu ס״ה שנשרף zugefügt פירו׳ היבי דקליוהו
בזרוע ובמעשה דיהויקים ששרף את המגילה. — קל: (9,a Z. 6) ist zu אין פורסין על
שמע eine elf Zeilen grosse Erklärung gegeben, und ein diesbezügliches Gutachten des
ר׳ נחשון גאון mitgetheilt. Die Quintessenz der Erkl. ist, dass die קדושת יוצר nur in
der תפלה בצבור gesagt werden dürfe. — קיג. (122b Z. 12 f.) wird die Ansicht des
רב dadurch begründet, dass bei נשאת ע״פ עד אחד dieser zweien entgegengesetzt
aussagenden Zeugen gegenübersteht, daher seine Geltung verliert, nicht aber wo auch
zuerst Aussagen Zweier vorlag. — קיז. und קיז: Ende wird nach Jebam. 95b mit
grösserer Ausführlichkeit (allerdings höchst dunkel und voller Copistenfehler, vgl. Cap.
IV) die Ansicht des ר׳ יוסי (das. 94b) wiedergegeben, während in unsrer Ausgabe
(126a) nur der stricte Wortlaut desselben, sowie dass seine Ansicht zur Halacha er-

---

α) והוא תירוץ ר׳ שימי בר חייא.

β) Uebrigens ist das Ganze wiederholt :קב.

γ) לפ״ז גם הבה״ג ס״ל כשיטת רש״י ותוס׳ ורא״ש וסמ״ג וסמ״ק ובמעט כל הפוסקים לבר מהרמב״ם.

δ) Hier muss wiederum jedenfalls ein Glossator wenn auch nur redactionell, seine Hand, gehabt haben, בה״ג hätte unmöglich וקורע לאחר י״ט ganz ausser Zusammenhang, und den letzten Satz überhaupt nicht geschrieben. Erst „קורע“ und hinterher das Selbstverständliche des איסור לכתחלה!!

hoben ist*α*) angegeben. — .קפג (155 a) wird zu Gittin Anf. „erklärt“, dass „alle“ Provinzen Palästina gegenüber (bezügl. בפ״נ ובפ״נ) für חו״ל gelten. — .קנג wird zur Mischna Gittin 29 b (entlehnt in unsrer Ausgabe 157 b) bemerkt: פי׳ כרב; ich glaube, dies muss in ר׳ כהנא corrigirt werden, und בה״ג will sagen, dass auch von dieser Mischna ein Beweis für ר׳ כהנא (29 a), dass דוקא חלה, und nicht nur von der vorausgegangenen, aus der dort wirklich ein Beweis dafür gebracht wird. — רח: (177 b) wird תקנת השוק dahin „erklärt“ dass, wer gestohlene Waare gekauft hat, diese dem Eigenthümer nur zu bezahlen, nicht aber zurückzugeben braucht; scheint aber wieder nur Interpolation eines ziemlich idiotischen Lesers zu sein. — .רפב (nach 230 b Z. 5) befinden sich 2 „Erklärungen“, welche beide mit dem Vorhergehenden ausser Zusammenhang stehen, u. z. 1) warum bei נדר die allgemeine Auffassung (לשון בני אדם) massgebend, 2) dass שבועה und נדר nicht mit einander zu vergleichen sei. Die Einleitungsww. פירוש: haben übrigens bei beiden keinen Sinn. Hierauf folgt der Anfang der Mischa Schebuoth 38 b nämlich die Worte: שבועת הדיינין הטענה שתי כסף, worauf sofort wieder zwei Erklärungen 1) dass dies כסף מדיני und nicht כסף צורי sei, 2) Zurückführung der שתי כסף auf die Währung zur Zeit des בה״ג. — שיא: wird zu איסר (259 a) die „Erklärung“ gegeben „פי׳ איסר „מסונ, mit diesem Worte weiss ich Nichts anzufangen. — שיו: wird שקיטנא (Chulin 63 a, in unserem בה״ג wird die Stelle gar nicht angeführt) an sich für עוף טמא erklärt. — .שלו wird das נחפש עלין: בגנב (243 a Z. 30) ziemlich breit „erklärt“. — שטו: endlich wird die Stelle שבעתיים כאור שבעת הימים (Jesaia XXX. 26) sehr eingehend erklärt. Doch trägt die ganze Partie das. den Stempel der Interpolation.

[34]) Nämlich: 13 b Z. 28 (כיסאני), 33 b Z. 2 (die Lesart des כ״י*β*) ist mit der גמרא ja mit der betreffenden ברייתא nicht zu vereinigen), 99 b Z. 22 v. u., 192 a Z. 5, 193 a Z. 20, 243 b Z. 4. v. u. (auch hier ist unsre Lesart allein richtig, im Codex ein an Wiederholung und Wirrwarr leidendes Glossem*γ*) 286 b Z. 7 v. u.

[35]) 132 a Z. 24., 189 a Z. 15 v. u.

[36]) Vgl. Note 33.

[37]) Das.

[38]) צו: schliesst sich einem דין beim לולב (vgl. unsre Ausgabe 66 b Z. 20—15 v. u.) ein פירוש über חיבוט ערבה an, worauf die Fortsetzung der דיני לולב folgt. Desgl. קלג: steht nach dem W. רופס (93 a Z. 18) פי׳ מה הוא הוציאנו ד׳ ממצרים לילה und dann folgt לילה ומן תפלין וכי׳ (das. Z. 26) Wenn die ersterwähnten Ww. überhaupt einen Sinn haben sollen, so müssen sie umgestellt werden, und soll demnach im angegebenen Verse eine אסמכתא des דין beigebracht werden. — רכו: ist zwischen

α) Dies ist jedenfalls ungenau, vgl. Gittin 6 a Raschi zu Gittin Anf.

β) Dieselbe lautet: שביח מסלע לים דיש לו לטלטל בסלע עד בית סאתים יתר מכאן אסור לטלטל לא ישביח מן הים לסלע לפי שאין לים גבול עד בית סאתים [כמה צ״ל] כמו סלע ומותר לטלטל. Es wird also ein Unterschied zwischen מן הסלע לים und umgekehrt constatirt, während in der ברייתי׳ beide identificirt werden.

γ) Dasselbe besteht aus a) dem Wortlaut in unsrer Ausgabe von תרתי ברטיבתא, b) den Ww. פי׳ תלת ברטיבתא לישני׳ קמא דרב, von denen die 3 letzten Ww., wie in unsrer Ausg. an die Spitze gehören, das Uebrige ist verwirrendes Glossem c) Wiederholung des schon Gesagten von תרתי ברטיבתא d) dann die Ansicht Samuels nach den Sureusern genau wie Raschi's eigene Erkl. e) die Ansichten des רב und שמואל nach den Nehardensern (bei uns Pumbaditenser) f) nochmals לשמואל (soll heissen לרב), worauf nochmals dessen Ansicht nach Ueberlieferung der Sureuser angeführt wird, dann ist das Wort ואפר wieder dazwischen geworfen und endlich mit den חמיש דיבישתא, das also nicht weniger als dreimal vorkommt, geschlossen. — Ein ganz verwirrtes Glossem!

איסור ביצת עוף טמא eingeschoben :פי' דמחלפה בבישרא, worauf 11 Zeilen darauf ein zweiter פירוש desselben Inhaltes, dem 4 Zeilen folgen, beides aber gehört zur Mischna Edioth V. 1, welche einige Zeilen früher erwähnt war:

[39]) Ganz falsch ist der Ausdruck, wo er vor einem gaonäischen Gutachten steht, wie :כב wo sich an (Berach. 29a) אבל התהיל בה גומרה ein mit „פירו" eingeleitetes Gutachten anschliesst, (das übrigens auch gar nicht hierher sondern zu שמע ולא ענה (vgl. 4b) gehört); desgl. .צז, desgl. .קיג, desgl. :שלא:—קכא steht das Wort vor einem דין, der in der Mischna (Chullin 140b) steht, zweimal ist's fälschlich zwischen eine zusammenhängende Wortverbindung geschoben (.קכה, .רכט).

[40]) Ich will hier eine chronologisch geordnete Uebersicht über die beiden Recensionen gemeinschaftlichen gaonäischen Gutachten, sowie die nur einer derselben einverleibten geben. Zu ersteren gehören: מר יהודאי גאון [in unserer Ausgabe fehlt oft die Bezeichnung גאון, mitunter wird derselbe auch κατ' ἐξοχην durch גאון bezeichnet]: 83b Z. 3 v. u., u. :קיט 84a Z. 4. v. u.,α) u. .קך, 117b Z. 17 v. u., u :קכח, β) 131a Z. 2 u. :קפה, 176a Z. 27 v. u., u. .רז, 215b Z. 8. v. u, u. .רנג, 215b Z. 15 v. u., u. :רס 228a Z. 16, u. :ריג, 274a Z. 10, u. :שנדγ) — Von ר' חנינא גאון 156a Z. 14 v. u. u. קצא, 276b u. .שרם — 155b Z. 6. מר ר' יהודה אלוף דמנהר פקוד דבצרה u. .שעδ). Endlich noch מר' שמואל (267a u. :שכבε) — Nur in unserer Ausgabe aber nicht in der Hdschr., kommt vor :מר אחינאי 50b כארי 49b, ferner (ר' יהודאי) גאון 73b (auch citirt von רא"ש Ende Beza Cap. IV.) endlich ר' הונא אלוף (16b). — Mehr als drei Mal so viel als alle obigen Stellen sind die, welche nur im Codex vorkommen u. z. von ר' יהודאי גאון 7 Stellen (:כט :לח zwei Mal, .מו, :עו, .קכג, :שנט), (ר' משה גאון ζ) eine (:יב), מר כהן צדק, der in unserer Ausgabe nicht direkt vertreten η), ist es hier wiederum in 7—8 Stellen (.פא [zweimal] ϑ), .פב ι) :פג :פו .צו, :קיט, .קך); von פלטוי בן אבוי (:קκ) שר שלום kommt 7 mal vor: :מז [zweimal] :מח .ס, .סח, :סט, .עד. Uebrigens ist er auch anonym erwähnt, .קי wird nämlich erwähnt שבך אמרו חכמים (dass ויהי נועם ואתה קדוש nur wenn der darauf folgende Sonntag Werktag ist, gesagt werde) dafür führt aber ר' עמרם im סידור ה' מו"ש den שר שלום als Autor an [zweimal], :רפה: ר' נטורנאי גאון, in unserer Ausgabe nur durch einen Passus vermuthet, λ) ist hier auch 7—8 mal genannt, zweimal mit dem Zusatze ריש מתיבתא (:יב, .מז, .סט, :עה, .פא, [zweimal] :קף, .שםμ). — מר צמח גאון ist nicht nur in den beiden ihm von Alfasi

α) In unserer Recension nur: גאון, im פרדס לרש"י [22b ed. Constp.] wird die תשובי aber ausdrücklich רי"ג vindizirt, wie auch im cod.

β) In den gedruckten בה"ג nur גאון im cod. :מר ר' יהודאי גאון זכר אדונינו לברכה

γ) Zu obigen neun Stellen kommt noch weiter unten eine die nur in unsrer Ausgabe vorkommt. Hiernach ist Frankel's Monatsschrift Jg. 1858 S. 221 zu berichtigen, wonach R. Judaï Gaon nur 7 mal citirt sei.

δ) Im Cod. fehlt das W. אלוף dagegen ist ריש כלה hinzugefügt, hierdurch würde die Beweisführung Monatschr. a. a. O. 227 4, erschüttert.

ε) In unsere Ausgaben steht dafür fälschlich ומדרב ושמואל, beides aber soll wohl מר בר שמואל heissen.

ζ) Ueber dessen Zeit vgl. Rappap. Biogr. R. Nathan Vf. des Aruch Note 25.

η) Vgl. Monatsschr. a. a. O. 223.

ϑ) Vgl. Tosaphot Pesachim 46a, כרם חמר VI. 244 u. Mtschr. a. a. O.

ι) Vgl. Alfasi Pesach. Cp. II u. Mtschr. a. a. O.

κ) Also direkt; vgl. Mtschr. a. a. O. 224.

λ) Vgl das. 225.

μ) In einer Parallelstelle zu diesem Gutachten nämlich סידור ר' עמרם הלכו' הש"ע באב ist er als ברי' הילא also als R. Naturnaï II. bezeichnet, wahrscheinlich sind auch die übrigen Stellen auf diesen zu beziehen.

(Sabb. Cap. XVII) vindizirten Entscheidungen, bei denen er auch hier als Autor genannt wird, sondern auch in noch 17 andern Stellen, an 6 mit dem Patronym בן פלטוי, vertreten (מט., נא:, נב., נד:, נה:, ס., סג., [zweimal] סה:, סח. [dreimal] עג., פב. [zweimal] פג:, צט:, ק:, קכא.), ר׳ עמרם, von dem in unsern Ausgaben nicht einmal eine annonyme Entlehnung ist, kommt hier fünfmal gutachtlich vor, viermal mit dem Patronym בר שושני, das übrigens zweimal mit יוד am Ende und zweimal mit א geschrieben ist. Von den Stellen sind 3 (zwei mit, eine ohne Patronym) auf einem Blatte מו, die andern beiden סג:. — Auch Kimoi b. Achaï (קיומי) ist einmal vertreten (שיו:); — ferner wird צמח בן שלמה *a*), u. z. einmal als ריש מתיבתא (קט:) zweimal als רוינא בבא קי:, מו: und מו. mit dem ferneren Zusatze דמרותא חסדאי (??). Endlich noch dreimal die anonymen Ausdrücke שרון ממתיבתא (רכא., רטו:, שג:, bei letzterer Stelle mit dem Zusatze: דסורא), endlich: ראש ישיבה (רטב:).

[41]) Die ganz neu eingefügten gaonäischen Autoritäten sind aus Anm. 40 zu ersehen.

[42]) Auffallend ist's, dass ר׳ צמח גאון, der Autor der in Rede stehenden תשובה, die Anwesenheit eines סנדק für dringend hält (selbst לעיכוב) ועי׳ בפרישה וצע״ג.

[43]) Nach סידור ר׳ עמרם הלכות תשעה באב galten bei den verschiedenen Hochschulen (מתיבתו) verschiedene מנהגים, indem einige auch ואתה קדוש ganz wegliessen, ר׳ עמרם selbst bekennt sich auch zur Ansicht des ר׳ צמח (Autor's des vom בה״ג entlehnten Gutachtens), wie auch der מנהג in beiden Hochschulen (Sura und Pumbadita). Auch im Abudraham werden diese verschiedenen Minhagim angeführt, dann aber die Ansicht des ר׳ עמרם ebenfalls im Namen R. Zemach angegeben. —

[44]) Ueber dem W. שאילה steht: „בשירור‟; dies ist Abstractum des hier so oft vorkommenden שרר, dies Abstr. selbst findet sich קא.

[45]) Ich will hier einige Proben geben: קב: ist in die Abhandlung über מסיקין בכלים ואין מסיקין בשברי כלים hineingeworfen: der Anfang der Mischna (Erubin 38a) מערב אדם שני עירובין, dann (das. 38b) פירוש (צ״ל פסק) אמ׳ רב הלכ׳ כר׳ זקנים, dann wird fortgefahren והלא לא אמרו הלכה כזקנים אלא ביו״ט הסמוך לשבת בין מלפניה בין מלאחריה והאיך אתה אומר כאן אין אופין ואין מבשלין מיו״ט לחבירו (wovon aber kein Wort gesprochen worden) (!!) דאמר רב הלכה כר׳ זקנים אלא מינה ילמוד לך שיו״ט הסמוך לשבת . . . מערב שני עירובין כך לאפיוה ובישול אין מבשלין מיו״ט — קלא. steht: דרש ר׳ יצחק כהן בזמן הוה מותר ליכנס (?) לדוכן (?) אלא ע״י עירוב לברכה (?) במנעלים אבל בסנדל אסור שמא תפסוק. Dieser Ansicht ist ראבי״ה citirt im הגה״מ Hilch. Tephil. XIV סק״ר, eine Ansicht, die von allen פוסקים refutirt wird, vgl. ב״י סי׳ קכ״ח, würde die grösste Autorität, wie es bekanntlich בה״ג ist, dafür beizubringen sein, so wäre dies gewiss geltend gemacht. — Zu 85b Z. 13 f. ודווקא אביו של חתן וכו׳ wird (קכב.) in 2—3 maliger Wiederholung zugefügt: פירוש רכל (?) איפכ׳ כגון אמו של חתן ואביו של כלה „אם מהו הללו (sic) נוהג ברישא שבעת ימי אבילות . . . אבל מת אביו של חתן . . . נוהג ברישא שבעת ימי המשתה . . . פירוש האב טורח על בנו . . . אבל אמו של חתן שמחה והיכא [צ״ל ויכול] האב למטרח לבן . . . וה״מ לאביו ולאמו [צ״ל ולאמה] אבל לשאר מתי מצוה כגון אמו ואחיו . . . ודברים של צנעה נוהג *β*) פירוש אחר (?) רשות כל מקום שנאמר רשות רצה עושה רצה אינו עושה וכי השמיש המטה רשות הוא באבל אלא כגון יום ז׳ שלו שחל להיות בשבת — Eine ganz schreckliche Stelle findet sich ferner קיו. Sie corresp. unserer Ausgabe 126a Z. 7—8 und bringt nach der סוגיא Jebam. 95b kurz dass הלכה כר׳ יוסי. Im

---

a) Wobei jedoch ein Fehler unterlaufen sein muss, da es nur zwei Gaonen dieses Namens gab, einer b. Kafnoi und einer b. Paltuj.

β) Dass בה״ג unmöglich sich in den breiten vorausgegangenen Wiederholungen bewegt, sieht Jeder auf den ersten Blick, dass aber das Räthsel dieses ‟פירוש אחר‟ aus der Feder des בה״ג hervorgegangen, ist noch viel unmöglicher.

Mscr. wird zwei Mal die entsprechende Discussion nach der סוגיא excerpirt. Aber wie?
Hören wir. אמר רב יהודה אמר שמואל הלכה כר' יוסי פירושא כהן (?) אשת גיסו
כך אמר ר יוסי כמה דאשת גיסו אסירא כך אשתו תהא אסירא פוסל ע"י עצמה והיא
אשתו וההא פסולה וליהא כר' יוסי והלכתא כת"ק (?) ולא אמרינן מתוך שנאסרה אשת
גיסו אגיסו תאסר אשתו עליו אלא מותרת דאמר כי היכא דאשת גיסו אסורה. Ich
gebe zu, dass inhaltlich wohl mit der סוגי' zurechtzukommen ist, dass aber בה"ג so verwirrt
schreibt, ist unmöglich. קעז: wird der Gegenstand nochmals berührt und dabei bemerkt:
ובעל ההלכה עוב זו דהיא להיתירא והחמיר בה באשתו לאיסורו באשת גיסו
פי' כל שפוסל ע"י אחרים פוסל ע"י עצמו כו' באשתו וגיסו שהלכו למדה"י הא אמרינן
אשת גיסו אסורה ואשתו שריא ור' יוסף (צ"ל יוסי) אמר כי היכא דאשתו לא אסורה אשת
גיסו נמי לא אסורה וזה היא פירושו. Vgl. Erklärung der St. oben S. 15 und 16. —
Ende הלכות מזוזה (קלה:) findet sich eine — Diätetik für die verschiedenen Monate,
die ich der Curiosität wegen ganz entlehnen will. „Im Nissan iss Fleisch v. Thieren
Vögeln sowie Fische nur süss und trink nur Süsses, im Ijar iss keinen Kopf von
כלבריא (?), Siwan soll kein Gesunder Füsse essen, im Tammus trink vor Allem
Wasser, im Aw lebe ehelich ascetisch, im Ellul iss nicht אוניו (?), im Tischri trink
vor Allem, im Marcheschwan iss viel Kresse, im Kislew bade nicht, im Teweth iss
keinen Kohl, in Schewat trink vor Allem ein Glas Wein, in Adar iss kein Mangold
(חרדין), wer allmonatlich einmal Linsen isst, hält Kranheiten vom Hause fern. — Ende
הלכות יין נסך (שמ.) steht ein mir unlösliches agadisches Räthsel, u. z. nachdem vorher
ein Citat aus Berach. 7a אמר ר' יוחנן . . . . . גדול שמושה יותר מלימודה ganz
abgeschlossen. Es lautet: ליה דשלמה ולית דמשלים לה מאן דזכי לה מערב ביה
פרולא ומאן דלא זכי לה שינת' איגריא ביה כי תשב ללחים וכו'. — Ueberhaupt finden
sich in diesem Mscr. viele agadische Einschiebungen namentlich in der Einleitung;
vgl. Cap. III.

[16]) Von den fast unzähligen Stellen heben wir folgende hervor. — 8b Z. 10—3
v. u. für: והלכתא כרבי שמעון בן אלעזר (שו:) nur אע"ג . . . דעבדי הכי; 12b Z.
6—10 וקא מותיב רב ששת לרב הונא (יז:) hier nur מתיב רב ששת . . . אתה חונן.
דאמר רב . . . ומלכותך עליו fehlt (כח:) — das. 13a Z. 20—25 — לסיוע לרב אסי
Z. 29—32 דאמר מר hier (כט.) kurz: דכתיב . . . . כל יום ויום תן לו מעין ברכותיו
— das. Z. 4—1 v. u. dafür hier nur והלכתא כרב נחמן — כל ברכה וכו — 14b Z.
20—26 hier (ל.) והאי שכר (בשין שמאלית) וקני' רשבר גופיה בפה"א — 16a Z. 17
u. 18 המזלזל בנטילת ידים והמספר אחר דתנן וכו' fehlt hier (לב.). — 18b Z. 11
מטתן של ת"ח והמגים דעתו כלפי מעלה, worauf dann erst נטילת ידים ausgeführt wird,
hier (לו:) nur והדא מינייהו המזלזל וכו' — 22b Z. 5—8 כי היא . . . ארבע אמות fehlt im
כתב יד (כג.) findet sich nicht im אין לי אלא בשבת וכו' v. u. 24b Z. 9—1 — (לז.) כ"י
[wohl aber in Kürze in der מכילתא] — 29b Z. 22 אלא . . . באחרונה fehlt (שכט:)
[steht aber in der תוספתא] — 36b Z. 26—34 fehlt hier (נא.) — 74a Z. 34 א"ל רבא לרב
נחמן . . מודה לו קח: weggelassen — 104b wird die ganze Mischna Jebam. 97a mit der
ganzen סוגיא entlehnt, im Mscr. (קנא.) nur Anf. u. Schluss. — 107b Z. 17ff אלו הן הנשרפים
וכו' mit ausführlicher Begründung nach der סוגי', im כתב יד an beiden Stellen (קמה. u.
קנד:) ohne diese Begründung. — 180a Z. 12 רב כהנא . . . . . . והלכתא כר' ינאי
hier (ריב.) nur רב כהנא יהיב זוזי אביתנא וכו' [also entweder auf גמרא, oder vor dem
Copisten liegendes Exemplar bezogen]; ähnlich ist 185b Z. 23—33; hier werden beide
לשונות (Bab. Mez. 42a) angeführt im כתב יד (רכ.) nur dieses והלכתא כלשנא בתרא
— 213b unten hier: (רנח.) nur durch „כדכתיב בגיטין" verwiesen; ebenso ist gegenüber unserer Ausgabe wo מעשה דרבא בר שרשום (B. Batr. 32b) zweimal (201a und
210a) ausführlich entlehnt, hier zum 2. Male (רנד.) nur auf oben verwiesen רבא בר
שרשום כדלעיל) — 213b Z. 19—24 die Begründung weggelassen: (רנח:) — 214a
Z. 22, 24 פשיטא וכו' im Mscr. (רנט.), fehlen beide. 238a Z. 6 v. u. פשיטא . . . קא

(das.) im כ״י אפכוה ושדרוה . . . ובין מתנה מועטת do.b Z. 4 — רצג:, fehlt משמע לו טבילה דאורייתא היא . . אפילו לדבר תורה 282a Z. 6 v. u. — והלכה מתנה מתנה nur im Mscr. (שלט:) weggelassen. u. s. w.

[47]) Zu den in voriger Note beigebrachten Beispielen füge ich noch folgende hinzu: 6b Z. 23—31 fehlt im כתב יד (טו:) — desgl. 7a Z. 12 — 17 (das.) — 16a Z. 30—32 auf :לב — 19b Z. 12 — 43 auf :לג, — 20b Z. 8—2. v. u. bis 32b Z. 1—7 auf :מג — 39a 22 ff. auf :נח — 47b Z. 27—32 auf :כח — 52a Z. 8 v. u. ff. auf .עא — 222b Z. 23 ff. auf :רסג — 238b Z. 22 ff. auf .רצד u. s. w.

[48]) So: 21a Z. 14 v. u. nur summarisch רמא להו מתניתין ובריותא :לד die שקלא וטריא ausgeführt. — Desgl. 23a Z. 26 אניסא דיחיד איהו הוא דמחייב לברוכי, dagegen :כו mit Begründung דההוא גברא וכו׳ wie in der גמרא — 37a Z. 6 nur ואם לדבר מצוה מותר im Mscr. :נא mit Discussion der גמרא — 52b Z. 9 ולא במחיצות, im Mscr. .עא ebenfalls ausführlicher wie Erubin 81b — 219a Z. 6 nur כמעשה דמרוני im כתב יד (רסד.) Ausführung dieses מעש׳ wie in der גמרא; u. noch einig. a. St.

[49]) Diese fallenden Bezeichnungen allgemeiner Determinirung vom Grösseren zum Kleineren scheint überhaupt gewöhnlich angenommen worden zu sein, vgl. Gittin 17b כתב כו שבוע שנה חודש שבת — 50. מעשר שני IV. 9, ערובין IV. 1. 2, Midr. Rabba ואתחנן.

Capitel III.

[*]) Dass sich ר׳ שמעון בן יוחאי denselben „erbeten habe“ (Grätz V S. 229) sagt die Quelle (ואחריו מו) nicht, eher das Gegentheil.

[52]) 1) Im Texte ist ein historischer Widerspruch. Nach dem Eingange soll die halachische Frage (מנין לדם שרצים שהוא טמא[α]) von רמב״ח an רשב״י in Rom, nach dem Verlaufe der Erzählung beiden Gelehrten [רשב״י und ראב״י] von einem Dritten vorgelegt sein (נשאלה שאלה זו בפניהם), deshalb dürfte wohl der Glossator רמב״ח als dritten Reisenden improvisirt haben. 2) Nach dem Texte hat ר׳ ראובן בן אצטרובלי zu dem Zwecke, unerkannt in einer Rathsversammlung die Zurücknahme der drei Verbote zu erwirken, eine sonst verbotene Tonsur (בלורית) (vgl. B. Kama 83a) vorgenommen, dem Glossator dürfte dieses Motiv für die Ausnahme zu bedenklich erschienen sein, er hat sich erinnert, dass an zwei Stellen (B. K. das. u. Sota 49b) einem Hoffähigen, אבטולמס בר ראובן[β]) eine Ausnahme vom Tonsurverbote gestattet worden sei, er hält es daher für besser auch ר׳ ראובן בן אצטרבולי: „נכנס ויוצא לפני המלך בלא רשות“ sein zu lassen, die, übrigens auch in der Weise der Glossare viel breiteren und ausführlicheren, 3 Apologien werden nicht in einer Versammlung (וישב עמהם) sondern dem Kaiser selbst gegeben, der Panegyriker wird nicht vor Erreichung des Zieles entlarvt, sondern erzielt thatsächlich die Zurücknahme des proconsularischen Religionszwanges. Nachdem aber »die Grossen des Reiches« zum Könige kamen, »eine ganze Umwälzung vorfanden« (ומצאו הדברים הפוכים), sagten sie »hier hat ein Jude seine Hand im Spiel [אצבע יהודי היה בכאן], der Kaiser erzählte ihnen den ganzen Vorgang. »So nimm die Decrete zurück« »ein Kaiser nimmt sein Wort nicht zurück.« »So setze den Tod auf die Ausführung der judenfreundlichen Decrete«. Dieser Ausweg leuchtete dem Kaiser ein. 3) Das Scheitern der Diplomatik des רבי ראובן ב״א und die Mission des רשב״י ist in unsrer Version unvermittelt, es wäre aber eindrucksvoller, wenn etwas Pragmatik in dieses Nebeneinander käme; nun, die historische Phantasie ist nicht darüber verlegen, sie dichtet eine Aufforderung des angeblich, — aber wohl auch

α) im Mscr. „כבשרו“ שהוא טמא wie im תורת כהנים z. St. (Lev. 11, 29.

β) כ״מ zu Maim. עכו״ם XI, 3 scheint diesen Namen auch hier gelesen zu haben.

hinzugedichtet, — in Rom lebenden ררב״א an die obersten Berather des Volks in Palästina, dass sie eine Gesandtschaft nach Rom schicken möchten. Wir haben also hier eine redactionelle Tendenz des Glossators. 4) Dass nun רשב״י dem ר׳ יוסי, Vater seines Begleiters, gelobt, [תוספתא das. nach Jeruschalmi (wo?)], dem Sohne nicht durch die ihm inwohnende Geheimkraft Schaden zuzufügen, war dem Interpolator noch nicht feierlich genug, er steigerte dies zu einem feierlichen Schwur. Ebenso entspricht es ganz der Tendenz der Glorificirung dieses Vaters der Geheimlehre und der Wunderthätigkeit, wenn auch hier die in dem sogenannten פירש״י wie in פי׳ רבינו גרשום mitgetheilten Agada aufgenommen ist, dass ראב״י durch den Fluch seines Begleiters in eine heftige Krankheit der Halsbräune verfiel, und dem Tode nahe war, durch das inbrünstige Gebet des Wundermannes jedoch, der sich seines Schwures erinnert hatte, wieder in's Leben gerufen sei. 5) Sehr interessant für die Mythenbildung des Glossators ist nun aber, dass derselbe sich nicht mit der nüchternen Fügung Gottes, wie diese uns im פי׳ רבינו גרשום erhalten α) begnügt, vielmehr den Dämonenfürsten (שר השדים) Asmodaï β), mit dem der haarklein angegebene Name (שמרון בן יוסף) stimmt, hineinfahren und von רשב״י austreiben lässt. »Wozu bist Du gekommen« lässt der Verf. den Wunderthätigen den Dämon fragen. »Um mich Dir behufs eines Wunders zur Verfügung zu stellen«, lautet dessen Antwort. Sein Widerpart war tief betrübt, dass der himmlische Vater einer Sklavin, Hagar, einen Engel, ihm aber einen Dämon gesendet habe. »Und was liegt dir daran«, nahm der Andre wieder das Wort, ich stehe zu jedem von Dir gewünschten »Wunder« zur Verfügung«. »Und dies wäre?« fragte רשב״י. »Ich werde in die Kaiserstochter fahren, so dass diese nach Dir verlangen wird, dann flüstre ihr in's Ohr, und ich werde entweichen«. »Woran werde ich aber dein Entweichen wahrnehmen?« »Ich werde dann alle Glasgeräthe im kaiserlichen Palais zerbrechen γ).« Hiermit war רשב״י zufrieden, der Dämon erfüllte sofort seine Mission, und der Verlauf war wie im Ganzen auch in unsrer Version referirt, und zwar genau so, wie es im Glossem der Dämon voraussagte, nur in Form eines grossen sehr lebendigen Zwiegesprächs des Wundermannes erst mit dem Beamten δ), dann mit dem Kaiser, welchem letzteren er sowohl die Heilung selbst, die Art derselben (Ohrgeflüster) und die Erscheinungen nach dem Entweichen des Dämonen ankündigte. — Vf. erreichte mit seiner Dichtung ein Doppeltes, einmal wird sein Held in dieser dramatisch fesselnden Dichtung viel mehr glorificirt, als in unsrer relativ prosaischen Version, dann aber gewinnt auch die Einheit der Erzählung dadurch ausserordentlich, dass an die Stelle des Asyndoton unsrer Version die Brücke geschlagen ist, dass der seinem Schutzbefohlenen entwichene Oberdämon selbst in die Kaiserstochter gefahren ist.

[53] u.[54]) Die erste Anregung zu solcher Bemerkung verdanke ich Herrn Jacob Reifmann, der mich auf eine nach dieser Richtung höchst auffallende Stelle in צואת ר׳ יהודה החסיד (ס׳ החסידים No. 25) aufmerksam machte.

α) Darin bestehend, dass ein Schiffer absichtslos den Kranken auf den Hals trat, wodurch die Halsbräune geheilt wurde.

β) Nach unser in den Ausgg. des בה״ג wörtlich entlehnter Version hiess derselbe בן תמליון; solch anonymer Dämon erschien dem Glossator aber wahrscheinlich der Grösse seines Helden zu wenig angemessen.

γ) Dass dies Alles vom Dämon gesagt, findet sich auch im פירוש רבנו גרשום.

δ) Dieser Beamte wird פריסטיקיא דקיסר genannt. Was ist פריסטיקיא? mit פרסטגמא = Gesetz, Befehl ist's wohl kaum zusammenzubringen. — Sollte es mit dem Pristaw (= Polizist) zusammenhängen? Das würde für die Nationalität des Glossators höchst merkwürdig sein.

Capitel IV.

[54a]) Darüber steht קמן dessen Unverständlichkeit schon im Mscr. durch ein darüber stehendes Fragezeichen angedeutet. Als Spielerei mag das »Kamus« [קאמוש] = Meer ים התלמוד, dessen Resultate im בה"ג niedergelegt, wenigstens genannt werden. Die Zusätze sind mit dem Zeichen [] versehen.

[54b]) Proverb. 8, 22.

[54c]) Sifre Ekeb Anf. Pesach 54a Nedar. 39a Bresch. Rabb. I. Uebrigens herrschen über diese 6—7 Dinge an den verschiedenen Stellen sehr viele Varianten.

[54d]) B'reschith Rabba VIII, Wijakra Rabba XIX Shir Hasch. Rabba zu V. 11 Tanchuma Wajescheb.

[54e]) Br. R. I.

[54f]) Vgl. Tanchuma und Rabba Anf. Bresch. wo auch derselbe Vers citirt. — In unserer Ausgabe ist dafür ד' קנני וכו' citirt, im Tanchuma und auch hier weiter unten gemäss dortiger Variation לי עצה ותושיה.

[55]) Br. Rab. I, wo jedoch das Citat ד' בחכמה יסד ארץ lautet.

[56]) Ueber die 974 Generationen cf. Sabb. 88b u. Parallelst. Jalkut Kohelet 977 Abot. di R. N. c. XXI. Die Varianten 4 חלקים (Mscr.) und 14 (uns. Ag.) lassen sich nicht entscheiden, da weder die Jahreslänge noch die Grösse des חלק angegebgn.

[57]) Midr. Thillim (ש"ט) zu Ps. 105. 8.

[58]) Vgl. Makkoth Ende — 58a Bresch. Rabba VIII Jalkut Proverb. 8, 14 (No. 941) Tanchuma Breschit Anf. Pirk di R. Elieser cap. III.

[59]) Jerusch. Schekalim VI. 1. Ende Debar. Rabba III Schir Haschir. Rab. a. a. O. Tanchuma Anf. Breschit.

[60]) Rabba Wajikra a. a. O; Schir Haschirim a. a. O, Tanchuma a. a. O, mit kleinen Varianten zum Mscr. und untereinander. Nach diesen Quellen konnten die im Mscr. abgerissenen Wörter, die ich durch Einklammerung gekennzeichnet, ergänzt werden.

[61]) Wohl selbstst. Schlussverfolgung des Vf.

[62]) Vgl. Erubin 21a Beresch. Rabb. X.

[63]) Wiederholung mit verschiedenem Verscitat.

[64]) Tanchuma a. a. O. vgl. auch Nachmanid. zu Genenesis XXIV. 1.

[65]) Auch von hier bis »זכה לשלש«, wie die Lücken nach Tanchuma a. a. O, ergänzt.

[66]) Sabb. 88a Abod. Sar. 3a 5a — 66a Sabb. 88a u. Plstst.

[67]) Midr. Schocher Tow zu Ps. LXXV. 4. Ber. Rabb. cp. LXVI.

[68]) Vgl. Jerus. Sabb. I. 3 Ende.

[69]) Beracch. 7a Schemoth Rabba III. Tauchuma das.

[70]) Rabba zu Exod. III, 10; die Lesart dort ist: לך = לכה וודאית [ודאית] הה"א שבסוף התיבה; ebenso in unsrer hier vorliegenden LA. היש "לכה" סתומה?

[71]) Der angegebene Vers dürfte die Ergänzung des Fehlenden sein, womit Schemot Rabba III Ende zu vgl.

[72]) Nach Jalkut zur Stelle ist eine der Andeutungen des Psalmverses die Beziehung zu משרע"ה.

[73]) Nach Vermuthung ergänzt. — [74]) Nach Rabba z. St. — [75]) Wajikra Rabba I, Jalkut das. mit Bezugnahme auf den fast unmittelbar vorhergehenden Vers Exod. XL 35. [76]) Schmoth Rabba III. — [77]) Das. XXIX Ende. — [78]) Das. — [79]) Makkot 23b — [80]) Sabbat 88a mit der Variante, dass nur ששים רבוא die Kronen anlegten (cf. 'חום) so auch im Jalkut.— [81]) Diese Klammer befindet sich im Mscr. — [82]) Hiob XII 18 vgl. das. Jalkut aus Beresch. Rabba LIII wo im Jalkut das in unserer Ausgabe fehlende Verscitat steht. — [83]) Vgl. ähnlich Sabb. 88b, übrigens stimmt hier das Citat

[מלכי] mit dem Bibelverse (vgl. Randbemerk im Talm. das.) — [83a]) Psalm LXXXVIII 10. [84]) Anlehnend an Ezech. I 1 vgl. Pirke di R. Elieser cp. XLI Sohar Jithro. — [85]) Schem. Rabb. a. a. O. — [86]) Das. XLII. vgl. auch Sabb. a. a. O. — [87]) Von hier bis על ראשם ist breitere Paraphrasirung von Sabb. a. a. O. א"ר חמא בר חנינא בחרב טענו. . . . שמחה שמעולם על ראשם — [88]) Erubin 22a u. Palstst. — [89]) cf. Jalkut z. St. — [90]) Bresch Rabb. XC Wajikra Rabba XXIV Ende. — [91]) Zach. II. 12 die Agadah ist von Raschi z. St. citirt. — [92]) Kiduschim 31a u. Pallstst. — [93]) Jerus. Abod Sara III. 1 Jalkut z. St. — [93a]) Ber. Rabb. XI. — [94]) Jerus. a. a. O. — [95]) Im Jerus. ist d. L. A. עברין קומי י"ג נהרות וכו' u. statt לעדן גופך: "לדידך". — [96]) Vgl. Bab. Kam. 17a u. Abod. Sara 5b. — [97]) Deuter. XXXIII. 17 vgl. Pirke di R. Elieser cp. XIX u. Comment. רד"ל das. — [98]) Zachar. IX. 9; dieser Vers wird im Midrasch wiederholt auf den eigentlichen Messias (בן דוד) gedeutet vgl. z. B. Bereschit Rabba c. LVI. — [99]) Jes. LXIV, 3 die Beziehung liegt in den folgenden Ww. עין לא ראתה אלקים זולתך, welche an vielen St. (vgl. z. B. Berach. 34b u. Parallstst. Jalkut No. 806) auf die Zeit des Messias bezogen wird. — [100]) ברייתא דקנין התורה I. — [101]) Prov. IV. 8 vgl. Berach 48a. — [102]) Das. VIII. 16 u. Jalkut das. — [103]) Das. 15 u. Gittin 62a. — [104]) Prov. 3. 16. — [105]) Abod. Sara 19b. — [106]) Deut. XXIX. 8. — [107]) Josua I. 8. — [108]) Ps. I. 3. — [109]) Jesaia LIII. 10. —

[110]) Dies im Mscr. in Klammer befindliche Wort scheint ein Fehler zu sein, indem der Interpolator das "חפץ" materiell auffasste, während es im ganzen Tenor des Zusammenhanges, wie auch nach der talmudischen Agada (Berachot 5a) als Gottessache d. h. תורה zu nehmen ist ולא עוד אלא דתלמודו מתקיים שנאמר וחפץ ד' בידו יצלח].

[111]) Psalm CXIX. 1. — [112]) Ps. VI. 18 mit Beziehung auf Berach. 34b Sanhedrin 99a und ähnlichen Stellen. — [113]) Deut. XI. 22. — [114]) Ps. XV. 4 vgl. übrigens Makkoth Ende. — [115]) ברייתא דקנין התורה 1. [116]) Deuter. VI. 13. — [117]) Pesach. 22b. — [118]) Prov. III. 15. — [119]) Sota 4b u. Pst. — [120]) Jerus. Berach. II. 8 Jalkut Hiob z. St. — [121]) Hiob XXVIII. 1. — [122]) das. 2. — [123]) Kohelet VII. 19.— [124]) Hiob das. 12. — [125]) Sabbat XIV. 4. — [126]) Exod. XIX. 6. — [127]) wie in 120. —

[128]) Aus Schemoth Rabba cp. XLV. Dort jedoch ist ר' יוחנן der Erzähler und R. Chija sein Begleiter während hier es R. Chija zu sein scheint, nur wenn die Lücken im Mscr. in der Weise auszufüllen, wie wir dies in der Klammer gethan, lassen sich die Recensionen vereinigen.

[129]) Exodus XXXI. 17. — [130]) das. XXXIV. 28. — [131]) Provb. XXXI. 14 figürlich auf d. Thorastudium ausgedeutet Bab Mezia 84b. — [132]) Von hier bis בשיב' wörtliche Entlehnung von Kiduschim Ende. — [133]) Jesaia XL. 31. — [134]) Psalm XCII. 15. — [135]) Schemot Rabba XXXIII אמר ר' ברכיה הכהן ברבי בנוהג שבעולם וכו, und danach die Lücke ergänzt. — [136]) Anlehnend an Ezech. VII. 12 Jalkut Prov. IV. 25. vgl. Mscr. :שמש und Jalkut Ps. N. 627 — .

[137]) Provb. VIII. 30. — [138]) daselbst 31 vgl. Jalkut No. 943. — [139]) Ezech. XXXIV. 31. — [140]) Jesaias LX. 12 u. Jalkut das. — [141]) Provb. II 1 u. Jalkut das. [142]) Psalm XXXI. 20. — [143]) Genes. XI. 5. — [144]) Ps. XXIII 5. — [145]) das. XVI. 5 [146]) Berachot 17a. — [147]) Proob. VIII. 34. — [148]) das. I. 33 vgl. Jalkut das. und Sota 21a. — [149]) das. VI. 22 ברייתא דקנין התורה 10 u. Sota a. a. O. —

[150]) Soll wohl heissen »da setze an« (in jenem Leben). Die drei verschiedenen Deutungen des „שיח" dürften den drei Sonderungen im Begriffe entsprechen: reden 1. Deutung), denken, lehren (die 2.) und bitten, beten, die 3. (Paraklet). —

[151]) Ps. CXII. 1. — [152]) Jesaias XLII. 21. — [153]) Deut. IV. 44. — [154]) Der Wortlaut der ברכת התורה lautet im Mscr. wesentlich anders nämlich: ובפיות כל . . . . עמך בית ישראל ונהיה אנחנו וצאצאינו וצאצאי צאצאינו עד סוף כל הדורות כלנו ידעי

שמך ויראי שמר ברוך א״י נותן התורה. Die Quelle im Talmud (Berach. 11 b) entspricht mehr der LA. der Hdschr. —

[154a]) Hier ist in den Summationszahlen grosse Verwirrung. Mischna Sanhedrin IX. 1 stimmt wörtlich mit unsrer Ausg. des בה״ג, nur dass, wie überall, dort die Summe (9) fehlt. Diese Zahl wird im Excurs über diese עונשין (ed. Warschau S. 7) in 10 corrigirt, die mit Einschluss von אשה ובתה und Ausschluss von dem schon einbegriffenen בת אשתו ausgezählt werden, wie Maim. Hilch. Sanhedr. XV. 11 in der That 10 auszählt, und אשה ובתה ausschliesst, dagegen בת אשתו mitzählt. Abgesehen aber davon, dass dann die Gesammtsumme 71 nicht stimmen würde, findet sich dieselbe Summationszahl sowohl hier wie: ישב. In der That aber ist auch אשה ובתה von der Zahl auszunehmen, da es identisch mit חמותו vgl. סוגיא das. u. ר״ע מברטנורה und auch בתו in בת אשתו eingeschlossen gehalten wird. — Letztere Vermuthung wird durch das Mscr. verstärkt; hier nämlich ist בתו ganz weggelassen, offenbar weil es in בת אשתו involvirt betrachtet wurde. — Uebrigens ist im Mscr. בת כנה irrthümlich zweimal gestellt.

[155]) Es folgt im Mscr. dieser summarischen Einleitung zu der Specification der מצות wiederum ein theils agadischer theils litterarisch-historischer Passus, welcher lautet: [α] פירוש עונשין ומתן שכרן ונדרשות בי״ג מדות[β] ארוכה מארץ מדה ובן[λ] יהי רצון מלפניך ה׳ או״א שתוכ[ני ללמוד ול]למד לשמור ולעשות ברוך אלקינו שהודיענו דברי חיים. ונתן לנו תורת אמת על יד משה רבנו[δ] משה קבל . . . חייב מיתה. [156]) Nämlich 1. לא יהיה לך אלהים אחרים[ε], 2. לא תשימון עליו נשך, 3. לא יפרע, 4. לא יפרום[ζ], 5. לא תוסיפון לשוב (cf. מכילת z. St.), 6. לא ירבה לו נשים, 7. לא יעבר בו ולא יזרע, 8. לא תלבש שעטנז 9. לא ימס את לבב אחיו (so auch רמב״ן Zusätze No 6), 10. לא תשכב בעבוטו, 11. לא יגלה כנף אביו, 12. לא יבא פצוע דכה, 13. לא יבא ממזר 14. לא יבא עמוני, 15. לא יבא להם עד עולם, 16. ובמרבית לא תתן אכלך (vgl. Bab Mez. 62a), 17. אל תשת ידך עם רשע, 18. ועצם לא תשברו בו, 19. ואותו לא תכרת (vgl. רמב״ן a. a. O.). —

α) Wie Ende פיוט מוסף של שבועות; übrigens ist dies nach der Aufzählung der מצות nochmals wiederholt. —

β) Hiob XI. 9, die Pointe ist die Beziehung des "מדה" zu den מדות. —

λ) Dieser יה״ר ist in unserer Ausgabe Ende der Einleit. abgekürzt.

δ) Abot I. 1. wie in unserer Ausgabe das. mit folgenden Varianten: 1, nach "וסייעתו" ist eingeschoben: ומלאכי הוא עזרא 2, hinter "לדעתי" (nach Chagiga 15 b) לדעתם חמשה טוטפות להוסיף על (gemäss Sanhedrin XI. 3) 3, hinter "פטור" לא נאמר אלא לדעתי דברי סופרים חייב, und dann erst (nach Berachot 4 b und Pstst.) וכל העובר וכו׳ 4, das Citat in unsrer Ausgabe אמר רב אבדימי . . . קטון נתלה בגדול findet sich später nach Aufzählung der מצוה desgl. die Einleitungsworte zum Folgenden: כתיב כי טובים דודיך מיין. Es scheint jedoch unsere Ausgabe das Richtige zu haben, weil die Quelle (Jerusch. Berach. I. 4) sowohl an Hohelied I. 2 anlehnt und die Stelle an die über זקן ונביא anknüpft. 5, Nicht der Gegensatz des sing. und plur. (תורך אין כתיב כאן . . . יאמר לך אין כתיב כאן) sondern der des praeter. und futur. liegt nach dem Mscr. der Ausdeutung zu Grunde (הורך אין כתיב כאן אלא יורך אמרו לך אין כתיב כאן אלא יאמרו), so auch מדרש שה״ש das., in der ersten Quelle (ירושלמי) sind beide Erklärungen zulässig.

ε) Aus רמב״ן zu Maimonid. ספר המצות מ״ע 1. שו״ת תשב״ץ I. 139 und derselbe Vf. im זהר הרקיע Anf. geht hervor, dass man im בה״ג die מצות לא תעשה des לא יהיה לך gelesen habe, nur אנכי nicht.

ζ) רמב״ן zu סה״מ לאוין קס״ה Ende hat auch diese beiden nicht gelesen.

[157]) 1. אל הונו איש את אחיו, 2. השמר לך פן תעזוב את הלוי[a]), 3. לאביו ולאמו לא יטמא, 4. כל אשר מום בו לא תקריבו. —

[158]) Eben die in unsrer Ausg. zusammenstehenden und zusammengehörigen Noo. 11—15 in Note 156. —

[159]) In unsrer Ausgabe ist mehr 1. תרומת מעשר, 2. עורות קדשים [nämlich der קדשי קדשים vgl. Maim. מעה"ק V. 19], 3. חבתי כהנים, 4. כל מעשי יה"כ; im Mscr. 1. מצות הגוף (?), 2. ודברת בם, 3. לשמוע לדברי חכמים (ausser ליראה וכו׳ welches in beiden vertreten), 4. נטע רבעי. —

[160]) 1. f. המורם תרומה מתודה: ומורם ומתודה (?), 2. f. שמירת שבת: ושימור לשמוח בשבת ולענוג בכל עינוגים: שבת ושמחת שבת ועינוג, worauf nochmals folgt: לקט שכחה ופאה בתבואה ושכחה באילן ופרט u. ושכחה ופאה בכרם: 3. f. die beiden: ביעור und הפקר שביעית לעניים: 4. f. die beiden: ושכחה ופאה בתבואה, nur ועוללת לאכל (קרבן פסח) (das richtigere) 5. f. הפקר שביעית דייש ושביעית לעניים: שביעת וקרבן אח׳ אח׳ אח׳ כראוי: וקרבן אחד כראוי 6. f. לאכול מצה ומרור: על מצה ומרורים.

[161]) Wir wollen die schon von den Alten besprochenen grossen Schwierigkeiten hier kurz berühren. Zunächst passt die Definition selbst (מסורין לציבור) nicht auf alle aufgezählten פרשיות. Denn wenn auch bei einigen, wie z. B. bei den ersten drei, das Prädikat zutrifft, da diese in der That Sache der Gesammtheit, so ist dies doch bei vielen, wohl den meisten andern unfindbar, vgl. z. B. פר׳ תחנונים und רמב"ן zur Einleitung 3 des ספר המצות; ebenso פ׳ הלוקח כלי תשמיש מן הגוי! פ׳ נזיר, — Nicht weniger unbegreiflich ist die Zuzählung dieser מצות zu den מצות עשה, während sie mindestens ebensoviel Verbote als Gebote enthalten. Es scheint dies auch die Veranlassung zu Grundsatz 6 des Maim. in der Einleitung zum ספר המצות gewesen zu sein, und auch רמב"ן, der wärmste Vertheidiger unsers Verf., musste doch gestehen, (a. a. O. Ende der Einl. 3) dass ihm diese Zurechnung der לא תעשה unter den עשה unerklärlich sei; vgl. auch R. Simon Duran זהר הרקיע Einleitung zu Grunds. 7 des Maim. Dazu aber kommt noch endlich, dass das eigentlich Meritorische dieser פרשיות schon bei den לאוין oder עשה verrechnet sind. Vgl. auch רדב"ן V. Gutacht. 2111.

[162]) פרשת סוטה, פרשת ברכות וקללות. —

[163]) פרשת עומר. Noch 2 interessante Varianten sind bemerkenswerth; einmal dass im Mscr. statt מנחת ישראל: מחנות ישראל ferner statt בגדי הקדש: בגדי שרד steht; was für die Bedeutung des שרד von Interesse. —

[164]) Der Glossator schreibt dort: וכבולן לא תמצא שבחן של ת"ח יותר בהשפע אלא כפ׳ גירושין ויבמין שכל התורה כולה תלויה בה Dies will meines Bedünkens sagen, dass die den Weisen entgegengebrachte moralische Kraft sich besonders in dem Umstande zeigt, dass es ihnen möglich war, die sinnliche Lust, die sich ohnedies dem Verbote verwandtschaftlicher Ehen, selbst der biblisch verbotenen, schwerer, als vielem Andern fügte (Sabbat 130 a), auch noch für die rabbinischen Grade zurückzudämmen, so wie auch die Enthaltung von nur rabbanitisch beanstandeten Scheidungen ג׳ גטין פסולין [ואם נשאת הולד כשר] und bei Leviratsverboten (צרת בתו ממאנת etc.). Die ganze Thora aber hängt hiervon ab (על פי התורה אשר יורוך וכו׳ לא תסור וכו׳).

[165]) הפרש בין עריות לשניות לעניין חיוב כתובה ולענין פסול בנים ואחר כך איסורי כהונה ושבני בא על שומרת יבם אינן תועבין וכן בני מחזיר גרושתו משניסת כשרין ואחר כך עוד הפעם דין בני בא על שומרת יבם הנ"ל ואחר כך שבכור אף של עריות גמורות נוטל פי שניים וכן שאח וכו הוא לענין יבום ובסוף הוכפל עוד הפעם המשנה ריש יבמות.

[166]) אלמלא חכמים לא היינו מבינים דבר בעולם לפי שהקב"ה כתב בתורה

---

a) Während sich die correspondirende ל"ת Deut. XIV 27 sich auch in unserer Ausg. findet.

ואשה אל אחותה לא תקח לצרור ומן תיבה זו למדנו ט"ו נשים [פ]טורות צרותיהן וכו'.

[167]) Beide Klammern befinden sich im Mscr.; die 2. die sich auch im אור זרוע No. 350 findet, entspricht unserer Lesart in der סוגיא, während sie unsere Ausgaben des בה"ג nicht haben. —

[168]) So auch unsere Ausgaben, vgl. דקדוקי סופרים z. St. —

[169]) Hier beginnt der Zusatz. —

[170]) So auch רי"ף, רמב"ם, א"ז, רא"ש, טור etc.

[171]) Wonach also "מתי לעשן„ selbst ein עישון בית einschliesst —

[172]) S. Seite 8. — [173]) S. oben Anm. 33. — [174]) ספרי zu Num. XLII. 3. —

[175]) Schebuoth VI. 1. — [176]) Hier findet sich auch der von Raschi z. St. Namens der Agada und Tosaphot das. Namens des Jeruschalmi angeführte Zusatz, dass ראב"י in Folge des Fluches in eine lebensgefährliche Krankheit verfallen, und nach einem diesbezüglichen Gebet des רשב"י wiederhergestellt sei. — [177]) S. Raschi das.

[178]) Hier steht, nur etwas breiter paraphrasirt, die Schlusserzählung wie in unserer Recension, mit dem Zusatze, dass nicht nur die judenfeindlichen Decrete vernichtet, sondern auch neue judenfreundliche verkündet wurden. —

שלא להוציא נייר חלק אוסיף עוד הקידה נובעת משינוי כ"י מנוסחתינו ויצא ממנו נ"מ גדול להלכה וכמעט גם למעשה והיא בדיני קידוש של יו"ט יעוין הבה"ג והובאו דבריו בא"ז ח"ב סימן כ"ה ומקור הדין במכילתא פרשת יתרו יעו"ש(א) ויש הפרש בין גרסת הבה"ג שלפנינו לגרסת המכילתא לענין קידוש של ר"ה בתפלה וביין (לרש"י) ולהמכילתא אף בראש השנה כן וביהכ"פ עכ"פ בתפלה(ג) ולגרסת הבה"ג פשיטא דבר"ה ויוהכ"פ בודאי רק מדרבנן ובזה נלע"ד ליישב שטת מהר"ם והובא במג"א סימן תקצ"ז סק"ג והשיג עליו במג"א יעו"ש ויש להוסיף על תמיהותיו דאף אי קידוש של יו"ט בלילה הוא מה"ת הא לגרסת הבה"ג זה דוקא בשלש רגלים ור"ה מאן דבר שמיה ולהנ"ל ניחא דמהר"ם ס"ל כשיטת וגרסת המכילתא דגם רה"ש נכלל וס"ל דהוה דרשה גמורה ולא אסמכתא בעלמא וס"ל ג"כ דדרשה המובאה בברייתא בפסחים ק"ו. ג"כ דרשה גמורה וכל הקידוש בשבת ובכל יו"ט אף בר"ה הוא מה"ת וס"ל כשיטת רש"י דלא די בתפלה כנלע"ד. והנה בשאלתות הוזכרו דיני קידוש ד' פעמים ב' פעמים בשאילתא נ"ד ועוד בשאילתא ס"ה ובדפוס ההדש גם סימן קס"ו ע"פ כ"י ועיקרו בס' נ"ד. והנה מריש שאילתא נ"ד ליכא הוכחה דקידוש של יו"ט מה"ת יעויש"ה אבן בפיסקא ג' הוכפל דין קידוש ביו"ט ונקט הטעם דכתיב מקרא קודש יהיה לכם ותניא מקרא קודש זה קידוש היום ומקור דרש זה הוא מתכ"ה פרשת אמור והובא בר"ה ל"ב. ואליבא דר' עקיבא ולפ"ז בודאי השאלתות ס"ל דקידוש של יו"ט דאורייתא או נסמך אדאורייתא וס"ל כהמכילתא דאין הילוק בין שלש רגלים ובין דה"ש ומש"ה דרש ר' עקיבא הך מקרא קודש דכתיב גבי ר"ה על קה"י ולא קרא דרגלים דקדמי לאשמעינן חידושא דאף ר"ה דאין לנו לישני דזכירה עכ"ז חייבין בקה"י מה"ת או מאסמכתא. והרמב"ם כתב בסה"מ [עשה קנ"ה] שצונו לקדש את השבת ולאמר דברים בכניסתו ולזכור בם יציאת מצרים(ג) וקדוש היום וכו' וכן בחיבורו ריש פכ"ט משבת ובהלכה ח"י שם כתב וז"ל כשם שמקדשין בלילי שבת כך מקדשים בלילי ימים טובים שכולן שבתות ד' הן ע"כ וכתב ישם הה"מ ודע שאין קידוש יו"ט דבר תורה וכ"כ בפשיטות מהרמ"ש בספרו קרית ספר על הרמב"ם וס"א בסימן רע"א ובמרכבת המשנה המתיק דברי הה"מ במה שמנה הרמב"ם בריש הלכות שבת שביתה למ"ע בפ"ע וקידוש ג"כ וביו"ט לא מנה אלא השביתה אבל פשטות לשון הרמב"ם לא משמע כן דהא נתן טעם דכולהו איקראו שבתון בפרט שיש סמוכין גדולים כ"כ במכילתא ולגירסת הבה"ג עכ"פ לרגלים ולגרסתנו במכילתא אף לשאר יו"ט וכן לתכ"ה ואולי היא הנותנת דה"ה קשה להה"מ וכי

כעורין רדשות הנ״ל ע׳ ^(ח) שהוכיח הרמב״ם להמציא טעם חדש מש״ב שכולן שבתות הן אלא שרוצה להראות דכל הדרשות הן רק אסמכתא בעלמא באופן שיש רשות לדרוש גם אסמכתא חדשה דנראה לו פשוטה יותר גם אולי היה קשה לו מה ענין שבתון ושבות לקידוש היום דשבות הוא בגדר השביתה וזו באמת מ״ע בכל י״ט וסגאן הרמב״ם בכל או״א מהם בפ״ע אבל זכירה היא מצוה בפ״ע ואין לה ענין עם השביתה וזו לא מנה רק בשבת גם יש לומר דהיה קשה לו כיון דבזכירה ביום השבת כתיב נימא בשבת אין י״ט לא וכבגמרא ביצה י״ב. ופירש״י שם ואף דלדברי התוספת שם סוף ד״ה דילמא ליכא הוכחה משם אבל מצינו בירושלמי ביצה פ״ה סוף הל״ב ד״שה כיוצא בזה גם בהבערה ביו״ט שלא לצורך אב״נ ואחר עיון ראיתי שהגאון בעל מצות חנוך הרך נ״כ ברוך זה אבל תולה הדין בפלוגתת אחרונים אי שייך שביתת בהמה ביו״ט והאחרונים תלו בזה אי אמרינן שבת אין יו״ט לא אבל להנ״ל אין אנו צריכים בזה לחקירת אחרונים כי גמ״א מפורשת היא בשני התלמודים מכל הלין טעמי פשיטא ליה להה״ם דביו״ט רק מדרבנן. — ועתה נאמר שיש לו אילן גדול לתלות בו והיינו הבה״ג לפי נוסחת כ״י דלא הביא רק „דמחייבין לקדושי . . . מן התורה“ ותו לא ולנוסחא זו יש לומר דשתי מדרגות הן הזכירה היא מה״ת במוכסם מכל ועל היין היא רק אסמכתא וביו״ט שניהן רק אסמכתא מש״ה קאמר דמחייבין [עכ״פ מדרבנן] בין בשבת בין ביו״ט לקידושי בין בצלותא בין על כסא דחמרא דכתיב זכור וכו׳ זכרהו על היין מכאן סמכו וכו׳ היינו דעל היין בוראי רק אסמכתא ובאמת ביו״ט הכל רק אסמכתא כנלע״ד.

ח) ואולי צ״ל במכילתא „אלה הם מועדי“ פירש מרכלל אח״כ שבת עם מועדים גם לענין קידוש (מקרא מקראי קדש לדברי ר״ע ועיין לקמן) שוין. — ג) ובזה יש להעיר על מש״כ בא״ר סי׳ רע״א סס״ק ג׳ ובברכי יוסף יעוי״ש ולא ראו המכילתא בפנים דלטעמא דמכילתא בוראי גם ר״ה נכלל וכנ״ל. — ג) והוא מימרא דפסחים קי״ח: וכבר תמה על זה בספר מצות חנוך פרשת יתרו ובחדושי מהרש״ש בדפוס חדש מווילנא בפסחים שם על הא דהסכימו האחרונים דבהזכרה בתפלה די והא בנוסחתינו בתפלת ערבית של שבת אין זכר ליציאת מצרים ובאמת בכל בו הובא גרסת זכר ליציאת מצרים בתפלת ש״ע במעריב של שבת וכ״ה בפרדס לרש״י (דפוס קונשטנטינא דף נ״ה ע״ד.) —

Berichtigung.

In Note 156 6, ולא יראה לך שאור; 7, עבודת עבד בו לא תעבוד, 17, ובהקותיהם לא תלכו — 157 2, בנגע הצרעת, 3, לא תתן לבנו וכו׳ השמר — 159 (im Mscr.) 1, לאכול מרור — 160 fällt aus — 162 für: פרשת ברכות וקללות: גר תושב statt „ותושב״ גר wodurch eine פרשה weniger.